150 histoires sur Dieu,
la vie, l'amour,
les canards sauvages

DES MÊMES AUTEURS

Paraboles d'un curé de campagne, vol. 2. Nouvelles histoires à raconter et à méditer, Éd. de l'Emmanuel, 2007.

Paraboles d'un curé de campagne, 150 petites histoires à raconter et à méditer, Éd. de l'Emmanuel, 2006.

Pierre Trevet
Dessins d'Yves Guézou

150 histoires sur Dieu, la vie, l'amour, les canards sauvages

PRESSES
DE LA
RENAISSANCE

Les droits d'auteur seront intégralement
reversés au Secours catholique.

www.presses-renaissance.com

ISBN 978-2-7509-0518-7

Un ami artiste peintre me rappelle souvent le principe qui guide ses créations : « La simplicité est reine de beauté. » Quel auteur, quel prédicateur, quel enseignant ne rêve pas d'atteindre la simplicité qui nourrit aussi bien l'enfant que le polytechnicien ? Mais comment faire pour éviter simplisme, discours creux ou trop vague ? Une des solutions, ce sont les paraboles. Les petites histoires n'ont jamais fini de libérer du sens, d'éclairer la réalité sous un jour inattendu. Un jeune Mark avait bourlingué pendant cinq ans entre les Indes et les États-Unis, cherchant Dieu dans quantité d'expériences. Au retour, parce qu'il a accepté, par affection pour eux, d'accompagner ses parents à la messe, il a soudain retrouvé la foi de son enfance. Pour dire son expérience, il a eu cette expression : « Ce dimanche-là, j'ai fait le plus long voyage qui soit : je suis allé de la tête au cœur. » Si on prend le symbole, cela ne fait que trente centimètres, mais c'est le plus long voyage que souvent nous n'arrivons pas à faire. Les paraboles peuvent y aider.

Acteur de cinéma parmi les plus populaires, comique d'exception, Michel Serrault reste aux yeux de beaucoup un comédien de génie. Cet antimonstre sacré, aux allures de bonhomme tranquille, n'avait pas été épargné par les épreuves puisqu'il avait notamment perdu sa fille de dix-neuf ans. Mais quand on l'interrogeait sur Dieu, il disait qu'il est « comme un feu qui couve ». Attention : les histoires et les anecdotes peuvent être comme des allumettes. Elles permettent d'aborder des thèmes difficiles comme la Vérité, la conscience, l'Incarnation ou encore les sacrements. Presque tous les titres des chapitres comportent le mot « vie ». De « Dieu Plénitude de Vie » à « la vie du bon côté », puisse chaque page réjouir le lecteur, nourrir sa foi aussi bien que sa réflexion et ainsi le rendre plus vivant.

1

Dieu est Vie, plénitude de Vie

Il y a quelques années, à Paris quelqu'un avait tagué un graffiti sur un mur : « Dieu est mort. Signé : Nietzsche. » La nuit suivante, juste à côté, quelqu'un d'autre avait écrit : « Nietzsche est mort. Signé : Dieu. » C'est un peu agressif, mais assez percutant.

Cependant, qui est ce Dieu que l'on n'arrive pas à faire disparaître ?

Connaissez-vous l'histoire de Jean Dupont ? Un cambrioleur entre dans la chambre de Jean Dupont et lui vole un objet précieux. Jean Dupont voit la scène. Pourtant, le lendemain, il est incapable d'en parler à la police. Pourquoi ?

Cherchez un instant. Qu'imaginez-vous ?

C'est Jean Dupont qui l'a lui-même volé... Ou bien, il rêvait... Ou encore, il est mort... Ou bien il n'a pas voulu dénoncer son voleur par peur des représailles ou au contraire pour lui donner une chance...

Comment visualisez-vous Jean Dupont ? N'avez-vous pas projeté un homme adulte ? Alors qu'en fait, c'était un bébé à qui on avait volé son biberon.

DIEU EST MORT
SIGNÉ NIETZSCHE
NIETZSCHE EST MORT
SIGNÉ : DIEU !
! !
GUÉZOU

En ce qui concerne Dieu, n'y a-t-il pas le risque de le considérer trop longtemps sans changer d'œillères ?

Un revolver évangélique

Le pasteur protestant Alphonse Maillot[1] raconte que dans les années 1925-1930 un certain Sébastien Faure, anarchiste, faisait des tournées de conférences dans le nord de la France, au pays des mineurs, pour promouvoir l'athéisme. Un pasteur protestant, venu des États-Unis, s'efforçait d'y participer pour lui porter la contradiction.

Un jour, Sébastien Faure crut avoir trouvé l'arme absolue qui éblouirait l'intelligence de ces pauvres mineurs exploités. Il monte sur l'estrade et présente un gros réveil. Il en règle la sonnerie pour une heure précise. Et il dit :

— Je vais vous donner la preuve absolue que Dieu n'existe pas. Ce réveil va sonner dans trois minutes exactement. Maintenant je vais défier Dieu, s'il existe.

Et il égrène un chapelet de jurons tel qu'on n'en entend que dans les mines. Puis il reprend :

— Maintenant, Dieu doit me faire disparaître. Je le défie. Si dans trois minutes Sébastien Faure n'est pas mort, c'est que Dieu n'existe pas !

Un grand silence s'abat sur la salle. Sébastien Faure fait le compte à rebours. Et quand la sonnerie retentit, c'est l'explosion dans la salle. Sébastien Faure hurle :

---

1. *Histoire d'eaux et d'autres*, éditions Olivétan, Lyon, 2007, p. 63-67.

— Je ne suis pas mort, donc Dieu n'existe pas.

Un soir, cependant, le pasteur protestant du fond de la salle, avant que la sonnerie retentisse, crie :

— Attendez, attendez, j'ai quelque chose à dire...

Sébastien Faure, qui connaissait depuis longtemps son adversaire acharné, le fait monter sur l'estrade, très gentiment, persuadé qu'il est de sa victoire absolue. Le pasteur sort d'une de ses poches de son pantalon un énorme revolver. Il le met entre les mains de l'anarchiste athée, lui disant :

— Attention, il est chargé.

Puis il ajoute :

— Monsieur Faure je vous dis (... *censuré*), parce que vous êtes un gros (... *censuré*). Vous êtes même l'empereur des (... *censuré*). Etc. Si je suis toujours vivant dans dix secondes, c'est que M. Sébastien Faure n'existe pas.

Puis il égrène :

— Dix, neuf, huit, sept, six, cinq, quatre, trois, deux, un, zéro ! Mes amis, M. Faure n'existe pas.

Et, reprenant le revolver des mains du conférencier plus que décontenancé, il descend les marches de l'estrade. Après un long temps de silence, roulent d'énormes applaudissements...

Chacun de nous a en tête une idée fausse de Dieu. Sébastien Faure l'imaginait comme le Jupiter justicier. Il y a aussi le dieu distributeur automatique, le dieu gendarme toujours à l'affût pour nous verbaliser dès qu'on passe la ligne blanche, le dieu grand ingénieur qui nous aurait fabriqués comme des marionnettes, le dieu magicien.

Un jeune à qui j'expliquais cela m'a dit :

— C'est vrai, j'ai vécu longtemps avec l'idée d'un dieu caissière de supermarché.

— Que veux-tu dire ?

— Longtemps je me suis dit, quand je vivais un vrai moment de bonheur, ça ne durera pas : un jour ou l'autre, il faudra que je le paie, que je passe à la caisse...

Nous nous sommes inventé beaucoup de faux dieux !

Le dieu superman

Un jeune homme qui s'appelle Matthieu avait trouvé depuis longtemps sa vocation : il serait militaire et même parachutiste. Il est donc incorporé, et, après les traditionnelles classes, arrive le jour tant attendu des instructions pour le premier saut en parachute. Le moniteur explique aux recrues comment se préparer mentalement et leur donne les consignes de maniement du parachute : quelques secondes après le saut dans le vide et les sensations uniques de la chute libre, il faut actionner l'ouverture du parachute. Rien de plus facile ; il suffit de tirer sur la petite sangle sous l'épaule droite à hauteur des hanches. Si cette commande ne donne rien, il faut tirer sur la sangle de gauche. Et quand le parachute s'ouvre, il suffit de se laisser déposer tranquillement sur le sol. Évidemment, quelques précautions sont à prendre pour éviter les accidents : par exemple, éviter de maintenir la langue entre ses dents. Au cas où l'atterrissage serait brusque, elle pourrait être coupée. Et quand viendra le moment de porter un fusil, le long du corps, comme une échasse, il faudra le faire tomber quelques mètres avant d'atterrir pour éviter qu'il ne déboîte l'épaule. Matthieu demande à l'instructeur avec le sourire :

— Et si la deuxième sécurité ne fonctionne pas, que faut-il faire ?

L'instructeur, pince-sans-rire, répond :

— Dans ce cas-là, il faut sortir le manuel ventral qui est accroché à votre ceinture !

Matthieu part pour son premier saut. À vrai dire, il est moins fier qu'il ne l'imaginait, mais, par amour-propre, il ne laisse rien paraître et, au commandement du chef, il s'élance dans le vide. Chute libre. Très concentré, il sait que cela ne peut durer que quelques secondes. Il actionne alors la sangle de droite qui doit déclencher l'ouverture du parachute. Rien ! Avec un peu de nervosité, il tire alors sur la sangle de gauche. Rien ! Aussitôt, il tire sur le scratch pour prendre le manuel, ouvre le petit livre d'instruction et lit :

— Je vous salue Marie, pleine de grâce, le Seigneur est avec vous...

C'est une faribole, rassurez-vous. Mais pouvons-nous ne faire appel à Dieu qu'en cas d'urgence ? N'est-il qu'interventionniste ? Les théologiens disent qu'il respecte les causes secondes, l'intelligence et la liberté de ses créatures. Mais il est notre Providence. Son Amour est toujours à notre disposition.

Le plus beau cadeau de Dieu

Des rabbins sont réunis dans une synagogue remplie de fidèles. Pour s'aider à la méditation et à la louange, ils font entre eux une sorte de concours. Il s'agit de raconter l'histoire biblique la plus émouvante qui soit.

Un rabbin se lève et se met à raconter l'histoire de David : le plus jeune des fils de Jessé choisi par le prophète Samuel, le vainqueur du géant Goliath avec sa fronde, le jeune roi adulé et très vite adultère, et même commanditaire du meurtre de son général d'armée, Urie, le mari de Bethsabée, le roi émouvant d'humilité, de contrition et de foi dans le Seigneur... On applaudit longuement.

Un autre rabbin se lève. Il a choisi de raconter l'histoire de Judith : la ville de Jérusalem assiégée par les armées d'Holopherne, la longue prière de Judith, son courage extraordinaire pour sortir de la ville assiégée et aller rencontrer Holopherne, son long discours, et sa participation au banquet au cours duquel elle le séduit et l'enivre avant de lui trancher la tête. « Plus personne n'inquiéta les Israélites du temps de Judith ni longtemps encore après sa mort. » Pendant que le rabbin s'assoit, fier de lui, on applaudit à tout rompre.

Un troisième demande à prendre la parole. Il a choisi de raconter l'histoire d'Esther, une autre femme courageuse qui réussit à faire abolir le décret d'extermination des juifs promulgué par Assuérus, et à éliminer Aman qui avait suggéré cette entreprise à son roi. Tonnerre d'applaudissements.

Un quatrième se lève et se met à raconter l'histoire des frères Maccabées, ces résistants torturés et exécutés devant leur mère. Cette maman avait eu le courage de tromper les bourreaux. Ils croyaient l'avoir mise dans leur poche en lui demandant de dire à l'un de ses fils d'abjurer leur foi. Mais s'adressant à lui en hébreu, elle lui dit le contraire : « Mon fils, aie pitié de moi qui t'ai porté neuf mois dans mon sein, qui t'ai allaité trois ans, qui t'ai nourri et élevé jusqu'à l'âge où tu es. Je t'en conjure, mon enfant, regarde le ciel et la terre et vois tout ce qui est en eux, et sache que Dieu les a faits à partir de rien et que la race des hommes est faite de la même manière. Ne crains pas ce bourreau, mais, te montrant digne de tes frères, accepte la mort, afin que je te retrouve avec eux dans la miséricorde. »

Toute la salle admire le choix du récit et l'éloquence du rabbin.

Enfin, le plus vieux se lève. Grand silence. Silence empli de respect et de curiosité. Que va-t-il raconter ? Il commence son récit, profondément ému. « Alors Dieu, Adonaï, Béni soit-il… alors Dieu dit… » Et il ne peut pas aller plus loin que ces trois mots… « Alors Dieu parla. » Et le vieux rabbin se met à pleurer en se rasseyant. Après quelques secondes de flottement, pour réaliser l'immensité de ce que la sagesse du vieux maître vient de mettre en évidence, c'est lui qu'on applaudit le plus fort et le plus longtemps.

Dieu nous a parlé !

Dieu ? Mais je le connais !

Cette histoire à la fois amusante et un peu navrante s'est passée dans une petite paroisse de Haute-Loire. Un mercredi matin, après la messe, deux dames s'avancent pour dire à monsieur le curé qu'elles sont très inquiètes pour Baptiste. Cet homme solitaire, taciturne, que l'on craint un peu dans le village, n'a pas ouvert ses volets depuis dimanche… Mais elles n'osent pas aller voir par peur de le trouver mort ou par crainte de sa réaction face à des curieuses.

Monsieur le curé les remercie et leur dit qu'il s'en occupera après le catéchisme. Vers onze heures et demie, alors que le dernier enfant est reparti, il se rend chez Baptiste. Il frappe à la porte. Pas de réponse. Il insiste mais n'entend rien. Il essaie de tourner la poignée. La porte s'ouvre. Il entre et aperçoit Baptiste couché dans son lit. Une fois que ses yeux sont habitués à la pénombre, il se rend compte que Baptiste respire. Rassuré, il essaie de lui parler. Il lui propose de faire venir un médecin, de lui apporter un repas ou une tisane. Mais il n'obtient aucune réponse.

Comme monsieur le curé est un homme très pieux, il lui propose finalement de réciter le Notre Père.

— Vous l'avez bien appris dans votre enfance quand vous étiez à l'école chez les frères ?

À sa grande surprise, il entend une espèce de grognement qui semble bien signifier « oui ». Effectivement, dès qu'il commence, Baptiste se met à dire son Notre Père, à l'ancienne :

— Notre Père, qui êtes aux cieux… que votre règne arrive… ne nous laissez pas succomber à la tentation…

Mais il arrive au bout :

— Ainsi soit-il.

Enhardi par ce déblocage, monsieur le curé lui propose de réciter le Je vous salue Marie. Et comme un deuxième grognement l'encourage, il commence la prière. Baptiste arrive au bout.

Monsieur le curé essaie alors de proposer à nouveau une visite, un médecin ou un repas. Mais il retrouve le même silence. Alors il se lève et s'en va lentement en reculant :

— Puisque vous me dites que vous n'avez besoin de rien, je vous laisse…

Et au moment où il se retourne pour ouvrir la porte, il entend Baptiste lui dire du fond de son lit :

— Je sais aussi mes départements.

... BIEN, À PRÉSENT, PEUX-TU ME DIRE TON ACTE DE CONTRITION?
... HEU, VOUS NE PRÉFÉREZ PAS QUE JE VOUS RÉCITE MES TABLES DE MULTIPLICA- -TIONS, PLUTÔT ?...

Baptiste avait appris ses prières comme on apprenait les départements français, leurs préfectures et leurs sous-préfectures. La foi n'est pas seulement une confiance en Dieu et un comportement. C'est aussi un contenu. Mais ce n'est pas qu'une connaissance livresque, un donné à apprendre par cœur. La foi est un acte auquel participe toute l'intelligence qui accepte d'être éclairée d'En Haut. Sans la foi, l'intelligence ne peut pas découvrir que Dieu est Trinité, que Dieu le Fils s'est incarné, que Jésus est ressuscité, que l'hostie est devenue le Corps du Christ. La foi élève l'intelligence. Et l'intelligence a du plaisir à explorer le mystère de Dieu. Il est un océan d'Amour sans rivage et sans fond. Nous n'aurons pas assez de l'éternité, non pas pour l'apprendre par cœur, mais pour nous laisser prendre par le cœur.

La force de dissuasion

C'était aux grandes heures des missions paroissiales. Deux pères capucins étaient dans cette paroisse pour une quinzaine de jours. C'était l'hiver. Les travaux des champs n'occupaient pas beaucoup de cultivateurs. Tout le monde se réjouissait de cette animation.

Chaque matin et chaque soir l'église était pleine à craquer. Entre les deux, les missionnaires visitaient sans relâche les familles. À cette époque-là, il n'y avait pas de sonorisation électrique. Mais on utilisait la chaire. Ce soir-là, un des pères capucins y avait pris place. De sa voix tonitruante il exhortait les fidèles. Quand on est prédicateur de mission paroissiale, on se doit d'être aussi un peu comédien. Pour bien comprendre l'histoire, rappelons que les capucins étaient vêtus d'une bure marron retenue à la taille par un gros cordon blanc. Quand ils prêchaient, ils mettaient simplement par-dessus le surplis, un vêtement blanc en dentelle qui tombait des épaules jusqu'à la ceinture, et l'étole, insigne du sacerdoce. Ce père capucin était particulièrement en forme ce soir-là. Sa voix de stentor résonnait sous les voûtes et ses grands gestes le faisaient transpirer… Il gesticule tellement que son cordon passe par-dessus la balustrade de la chaire. À un moment donné, il use de l'effet oratoire qui consiste à laisser à l'improviste un temps de silence avant de reprendre de plus belle. Dans ce silence, on entend alors la voix d'un petit enfant apeuré :

— Maman, maman, partons vite, il s'est détaché !

Ce n'était sans doute pas l'intention de ce missionnaire de faire peur. Mais cela a été parfois une tentation. Avons-nous à annoncer un Dieu qui fait peur ? Certainement pas. L'évangélisation s'apparenterait alors à une espèce de « force de dissuasion »…

Comme les abeilles

Les abeilles ont beaucoup à nous dire… Un jour, une dame dont le mari était apiculteur m'explique :

— Mon Père, vous qui aimez les comparaisons, en voici une qui me parle beaucoup. J'ai épousé la passion de mon mari pour les abeilles et j'ai réfléchi : on peut penser que Dieu agit avec nous comme nous agissons avec les abeilles.

« Les abeilles, nous les aimons, nous les protégeons, nous veillons à ce qu'elles aient à manger ; l'hiver, nous leur donnons du sucre si elles n'ont pas assez de provisions ; au printemps, nous les changeons d'endroit pour qu'elles puissent butiner selon leurs besoins. Nous ne leur faisons que du bien. Nous ne pouvons pas, hélas, les sauver de toutes les maladies, les préserver de tous les prédateurs. Mais nous les entourons du mieux que nous pouvons. Dieu est aussi notre Providence. Il n'est pas un magicien qui résoudrait tous nos problèmes, mais il nous entoure de son amour.

Il est bien capable de répondre même à ce genre de prière :

— Abeille qui n'a pas le bourdon en cherche un pour lune de miel…

De plus, les chercheurs viennent de découvrir qu'une ruche ne fonctionne pas seulement comme une société où chacune a son rôle : la reine, les soldats, les chercheuses, les butineuses, les « puéricultrices » qui veillent sur les larves. Ils disent qu'un essaim fonctionne plutôt comme un organisme vivant. Chaque abeille n'est pas seulement un individu mais plutôt une cellule d'un corps, un organe. Cela peut nous faire comprendre que l'Église n'est pas seulement un peuple, mais, selon l'expression de saint Paul, le Corps du Christ. Chaque baptisé n'est pas qu'un disciple de Jésus, mais un organe du grand Corps mystique du Christ.

La comparaison avec la foi chrétienne serait parfaite si, par le plus grand des miracles, un apiculteur pouvait se faire petite abeille, apprendre le langage abeille, donner sa vie pour les autres abeilles afin qu'elles deviennent toutes un jour apicultrices. Dieu s'est fait homme pour que l'homme devienne Dieu.

Le père Jacques Loew prenait aussi cette comparaison. Il disait :

— Vous ne trouverez pas Dieu comme l'araignée qui tire tout d'elle-même pour faire sa toile.

Certains s'imaginent qu'ils ont tout ce qu'il faut en eux pour découvrir Dieu. Non, ce n'est pas suffisant. Il faut accepter d'entendre une Parole qui vient d'ailleurs, une révélation qui ne pouvait pas monter au cœur de l'homme.

Le père Loew avertissait aussi :

— Vous ne trouverez pas Dieu comme la fourmi qui entasse tout ce qu'elle trouve sur sa route, n'importe où, n'importe quoi et n'importe comment. Pour découvrir Dieu, il faut discerner, il faut bien s'orienter. Tout ne conduit pas à Dieu. Dans notre monde, il y a même des réalités qui détournent de Dieu.

L'araignée et la fourmi sont donc de mauvais exemples. En revanche, le père Loew conseillait :

— Vous trouverez Dieu comme l'abeille qui, de fleur en fleur, choisit le meilleur nectar.

Le Très-Bas

Dans l'Évangile, de nombreuses scènes savoureuses font le bonheur des réalisateurs de cinéma : par exemple, la rencontre de Jésus et Zachée, dans l'Évangile selon saint Luc au tout début du chapitre 19. Riche, mais mal vu parce qu'il collabore avec l'occupant romain, certainement complexé parce qu'il est de petite taille, Zachée cherche à voir la vedette de la région, Jésus. Quelle n'est pas sa surprise quand celui-ci s'arrête juste en dessous du sycomore où il s'est perché ! Jésus s'invite chez lui au grand dam des témoins.

Quelques heures plus tard, Zachée déclarera qu'il donne la moitié de ses biens aux pauvres. Sa vie est bouleversée. Il a vécu avant saint Paul son « chemin de Damas ».

Cette rencontre a eu lieu à Jéricho. Cette ville est la plus basse du monde, à moins de trois cents mètres au-dessous du niveau de la mer. N'est-ce pas un signe supplémentaire de l'abaissement de Dieu qui, en Jésus, est venu chercher et sauver ceux qui sont au plus bas ?

Zachée, lui, était monté sur un sycomore. Il représente bien l'homme qui se cherche facilement des piédestaux, des podiums, des tribunes, des mises en valeur, des faire-valoir, des ascensions sociales. Et nous n'avons pas tous l'humour de Winston Churchill, assistant à l'inauguration de sa propre statue.

— Quelle impression éprouve-t-on ? lui demande un ami.

— Je ne peux vous dire qu'une chose, répond-il. On regarde les pigeons d'un tout autre œil.

Spontanément, l'homme cherche à s'élever. Dieu s'est abaissé. Essayons de nous émerveiller devant ce mystère.

Le livre qui a fait connaître Christian Bobin à un large public s'intitule *Le Très-Bas*. Dieu est le Très-Haut, bien sûr, puisqu'il a tout créé. Mais ce que révèle l'Évangile – et qui est proprement incroyable, quand on y pense –, c'est qu'« il est descendu aux enfers ». C'est-à-dire au cœur du malheur.

Le père Michel Wackenheim racontait[1] cette réflexion d'une jeune musulmane avec laquelle il s'entretenait de Dieu, de la foi, de la religion :

1. *Prions en Église*, janvier 1999.

« Vous autres, chrétiens, vous avez non seulement une religion compliquée, mais vous offensez Dieu. Comment pouvez-vous croire que Dieu vient au milieu de nous, les êtres humains ? C'est salir Dieu, c'est dégoûtant ! »

« Sur le moment, écrit-il, je suis resté sans voix. L'islam, sans doute, n'a pas la complexité du christianisme. Et comment expliquer en quelques minutes que Dieu ne se salit pas en devenant un homme ? J'ai préféré changer de sujet de conversation. Après coup, j'ai laissé défiler dans ma tête tout ce qui fait la foi du chrétien. Et c'est bien vrai que rien n'y est simple :

– Il y a un seul Dieu, mais c'est un Dieu-Trinité ;

– Jésus est Dieu, mais il est aussi homme ;

– Il n'y a qu'un Évangile, mais il est écrit en quatre versions ;

– Le Royaume est déjà là, mais il est encore à venir, etc. »

Rien n'est simple, en effet, et pourtant tout est clair : Dieu nous aime tendrement, et il nous l'a dit en Jésus.

Tout-autre et Tout-Nôtre

C'était au début du XXe siècle, à une époque où le catéchisme consistait en une série de questions-réponses à apprendre et à réciter par cœur. « Qui est Dieu ? Où est Dieu ? Que fait Dieu ? Etc. »

Dans cette paroisse, c'est le dimanche de la fête patronale. On a aménagé un bel autel en plein air sur le podium où, l'après-midi, se produiront les enfants qui ont passé des semaines à préparer des danses, de petits sketches et des morceaux de musique. Mais avant le divertissement… la prière ! Le père curé célèbre la messe de la kermesse. Quatre enfants de chœur l'assistent. Soudain, une petite bourrasque emporte l'hostie consacrée et la fait tomber quelque part sur l'estrade. Ne voyant pas où elle est tombée, le prêtre se tourne vers l'enfant de chœur et lui dit :

— Où est le Bon Dieu ?

Et l'enfant croyant à une question de catéchisme par surprise lui répond :

— Dieu est au Ciel, sur terre et en tous lieux.

Le prêtre l'interrompt et lui dit :

— Pas celui-là ! L'autre !

C'était probablement sous le coup de l'émotion qu'avait jailli en lui cette expression pour le moins maladroite. Et pourtant, si incroyable que cela puisse paraître, le Créateur de l'univers est bien le même que celui que nous recevons dans l'hostie ! Dieu se met à notre portée pour nous hisser à son niveau.

Dans le rond de lumière, sous la lampe, un enfant gribouille, et son père amusé quitte un peu son journal pour voir ce que fait son fils.

— Qu'est-ce que tu nous dessines, mon chéri ?

— Je dessine Dieu.

— Mais personne ne connaît Dieu. Personne n'a jamais vu Dieu.

— Eh bien, vous le verrez quand j'aurai fini.

« L'amour croit tout », affirme saint Paul dans la belle hymne à la Charité de l'épître aux Corinthiens. L'amour croit tout, les enfants ne doutent de rien.

Et les anges ?

Dans le credo, les chrétiens disent que Dieu est le créateur non seulement du ciel et de la terre, de l'univers visible, mais également de l'univers invisible. L'Église croit en l'existence des anges.

Cet après-midi de janvier 1988, Pierre Jovanovic, vingt-huit ans, s'étire dans sa Chevrolet sur la Highway 101. Correspondant du *Quotidien de Paris* aux États-Unis, ce Français d'origine hongroise vient d'achever la visite d'une usine d'ordinateurs portables dans la Silicon Valley. Il rentre tranquillement vers San Francisco avec son amie. Autoroute calme, trafic normal.

« On doublait un gros camion étincelant de chrome, se souvient-il, quand, tout d'un coup, sans réfléchir, je me suis jeté sur la gauche. Une fraction de seconde plus tard, une balle traversait le pare-brise et s'enfonçait dans mon siège. J'aurais dû mourir. Pourquoi ce réflexe ? »

Ainsi commence une enquête de six années qui l'amènera, après des bouleversements surprenants, à retrouver la foi de son enfance, à affirmer l'existence des anges gardiens malgré bien des ricanements, à leur consacrer un livre de quatre cent cinquante pages où il y a à croire et à ranger, mais qui est un vrai pavé dans la mare des incrédules. À la suite de la publication de son livre, un journaliste l'interviewe[1] :

— Comment votre ange s'est-il rappelé à votre bon souvenir ?

1. Luc Adrian, *Famille chrétienne*, n° 820, 30 septembre 1993, p. 18-21.

— Par une chanson de Jean-Louis Murat que j'écoutais un soir : « Oh, mon ange, ne m'oublie pas dans ce paysage de cendre où l'amour n'existe pas. » Je me suis alors demandé si j'avais un ange gardien. Peut-être une réminiscence de mon instruction catholique ? J'avais depuis longtemps fait table rase de tout ça. La question me semblait un peu « bébête » mais assez romantique. Je suis entré dans un grand magasin et là, je m'arrête pile devant un livre en hongrois. Or, par ma mère je connais le hongrois : c'était un bouquin sur les anges. À partir de ce moment, il y a eu une longue série de coïncidences invraisemblables : chaque fois que je doutais, un signe me tombait dessus. Parce que les anges n'aiment pas du tout qu'on les prenne pour des chimères !

— Des signes ?

— Qui n'ont de sens que pour vous et personne d'autre. Par exemple, vous marchez dans une rue en vous demandant si l'ange gardien n'est pas le produit de votre imagination, et, juste à ce moment-là, vous croisez une fille qui porte un tee-shirt avec des ailes dans le dos ! La première fois, vous vous dites qu'il s'agit d'un hasard. La deuxième, lorsque quelqu'un, ignorant tout de votre nouvelle passion, vous offre un bouquin sur les anges, vous pensez que c'est une coïncidence. À la troisième, quand vous recevez un coup de fil d'une dame qui vous demande si elle est bien à l'église Sainte-Marie-des-Anges, vous êtes sans voix. Au bout de la dixième, vous déclarez forfait. À la vingtième, vous parlez très sérieusement à votre ange.

— Qui sont les anges ?

— Une chose est certaine, ce ne sont pas des chérubins dodus aux fesses poudrées et aux bras potelés. Plutôt des « puissances » ou des beautés surnaturelles qui se déplacent à la vitesse de la pensée. Ils dégagent la sérénité, rayonnent, rassurent et réconfortent.

Par rapport à la foi en Dieu leur existence est anecdotique. Nous désirons la « vie de Dieu » et non pas seulement la « vie d'ange », mais il n'est pas interdit de leur demander du secours.

Autrefois, les mamans apprenaient cette prière aux petits enfants :

Veillez sur moi quand je sommeille,
Bon ange, puisque Dieu l'a dit.
Et chaque nuit quand je m'éveille,
Penchez-vous sur mon petit lit.
À mes côtés marchez sans cesse
Parlez-moi le long du chemin.
Et pendant que je vous écoute
De peur que je ne tombe en route,
Bon ange, donnez-moi la main.

Au milieu de la tempête, les yeux fixés sur le papa

Un responsable de jeunes a demandé un jour à sa petite fille si elle voulait aller faire un tour en voiture avec lui. Elle raffolait de se promener en voiture avec son papa, jusqu'à ce qu'ils arrivent à la station de lavage automatique de voitures. Elle était déjà allée dans un de ces trucs, et le bruit de l'eau qui giclait et la vue des énormes rouleaux qui avalaient la voiture l'avaient fait mourir de peur.

— Et si on allait au McDonald et puis après au zoo ? supplia-t-elle, essayant d'éviter cette expérience atroce.

Mais ça n'a pas marché et lorsque la voiture est amenée sous le jet d'eau, elle saute sur les genoux de son père, met son visage tout contre le sien et le regarde droit dans les yeux.

— Parle-moi, papa, l'implore-t-elle.

Il lui parle tout le long du passage sous les rouleaux. Elle découvre que, après tout, ce n'est pas si effrayant, aussi longtemps qu'elle regarde droit dans les yeux de son père et qu'il continue à lui parler.

Dieu nous offre la même chose, il veut que nous le reconnaissions comme le même genre de père aimant. Fixons notre attention sur lui. Laissons-le nous parler.

Dans le film *Karol, l'homme qui devint pape*, qui raconte en quatre heures la vie du pape Jean-Paul II depuis l'âge de vingt ans jusqu'à son élection en 1978, il y a beaucoup de passages bouleversants, mais notamment celui-ci : pendant la guerre, les nazis conduisent sans ménagement des milliers de juifs à la gare. Un S.S. fait sortir brutalement une jeune fille qui a pour seul bagage l'étui qui contient son violon. En pointant son revolver contre sa tempe, il lui intime l'ordre de jouer. Comment jouer en pareilles circonstances, avec les chiens policiers qui aboient et qui mordent, avec les vociférations, les cris sauvages, les cris désespérés, les regards apeurés ? Alors, de l'autre côté de la voie, sur le quai d'en face, une autre jeune fille sort des rangs courageusement et se met en face d'elle. La jeune violoniste peut alors amarrer son regard dans les yeux de son amie et trouver la force de jouer.

Dieu est là pour vivre avec nous l'événement tel qu'il se présente. Il compte aussi sur chacun de nous pour être le regard qui reflète le sien.

Toc, toc, toc

Voici le premier message que le nouvel évêque de Saint-Étienne, Mgr Dominique Lebrun, a souhaité adresser aux catholiques et plus largement aux habitants du diocèse en septembre 2006 :

« À Noël, Dieu entre dans le monde : toc, toc, toc ! Il a bien lu : frapper avant d'entrer. »

Avez-vous entendu Dieu frapper à votre porte, à la porte du monde ? J'ai peine à imaginer que vous n'entendiez pas les mêmes secousses que moi :

– Chaque fois qu'une bombe tombe sur l'Irak.

– Chaque fois qu'un petit d'homme encore dans le sein de sa mère meurt ou qu'un enfant est agressé.

– Chaque fois que deux époux qui ont voulu s'aimer pour toujours se séparent.

– Chaque fois qu'un homme ou une femme qui a le droit de travailler ou d'être logé voit sa dignité déchirée.

Nous entendons ces appels ! Mais ce n'est pas ainsi que Dieu frappe à notre porte. Car Dieu ne frappe pas à coups de meurtres, de disputes ou de mépris. Toc, toc, toc ! Dieu frappe à coups d'amour :

– La voisine qui vous a demandé ce que vous faisiez à Noël.

– L'enfant qui attend une minute de silence et de câlin au milieu de ses bruyantes consoles de jeux.

– L'infirmière qui a prévu quelques papillotes en plus.

– Votre propre cœur plus sensible que jamais à la misère du monde.

Écoutez ces petits coups d'amour : toc, toc, toc. Et dites-lui : entrez !

À Noël, Dieu frappe à la porte avant d'entrer : il respecte infiniment notre liberté. Et sa voix ne s'impose pas. C'est celle d'un enfant, le premier visage de Dieu qui entre dans le monde. C'est prometteur ! En lui, il y a tout l'amour de Dieu, tout l'amour de Notre Père. Le seul qui peut faire taire bombes, disputes et mépris.

— Toc, toc, toc !

— Entre, Dieu, dans ma vie ! Entre dans ma famille, entre dans mon village, entre dans ma ville. Et le chant des anges viendra réenchanter le monde par ce Dieu fait enfant !

— Toc, toc, toc !

— Entre, Dieu, c'est Noël !

Le bébé de Bethléem

Voici qu'à Noël nous entendons proclamer qu'un petit bébé est Dieu en personne, Dieu « en chair et en os » ! Avons-nous bien entendu ? Le vrai Dieu, le Dieu vivant, ne s'est pas complu dans le culte qui lui est rendu à travers les siècles chez tous les peuples et sous toutes les formes. Non ! Il veut que nous venions à lui pour lui faire plaisir, par simple amitié, pour sa joie de nous avoir avec lui.

Nous pouvons imaginer facilement ce dialogue entre le prédicateur et ses ouailles de la messe de minuit :

— Comprenons-nous à quel point nous comptons alors pour lui, quel prix nous avons à ses yeux et comme il tient à nous ?

DÉSOLÉ SUPERHUMANISTE NE REÇOIT QUE SUR RENDEZ-VOUS...
GUÉZOU

SUPERHUMANISTE EST ARRIVÉ
LE SAUVEUR QUE LE MONDE ATTENDAIT !
... VOICI L'ADRESSE DU SITE POUR TÉLÉCHARGER LE FORMULAIRE DE DEMANDE AU FORMAT PDF.

— Justement. Moi, je suis venu surtout pour entendre les chants de la chorale.

— Et moi, juste pour accomplir la tradition.

— D'ailleurs vous connaissez assez mal votre public : il y a parmi nous quelques scélérats ; d'autres sont drapés dans leur vertu ; d'autres encore sont emmurés dans l'orgueil qui en tient lieu. Sans parler de nos souffrances et de nos peines.

— L'amour de Dieu ne peut pas être aussi simple.

— Il le peut ! Parce que Dieu a aplani toutes les difficultés, porté toutes les souffrances et rempli tous les abîmes. De sorte que Jésus est réellement au bord de chacun de nos cœurs : il n'y a plus aucune distance entre le Christ et chacun d'entre nous. Mais il ne veut pas s'imposer ; il ne veut pas que son amour soit envahissant : être tellement aimés, cela finirait par être gênant. Et il refuse de faire la moindre pression sur nous, même seulement morale ou psychologique. Et je vais vous en donner la preuve : il vient comme un enfant, pour qu'il soit très facile de dire : « Ce sont des enfantillages. » Pour balayer l'amour infini du vrai Dieu, il n'y a même pas besoin d'un revers de main ; un simple mouvement de notre esprit suffit. Aujourd'hui, nous sommes un peu émus, mais demain il sera très facile de dire : « La crèche et la paille, le bœuf et l'âne, c'est gentil, mais nous avons tout de même des problèmes d'une autre importance. »

Pensons à la délicatesse infinie d'un amour si immense, quand n'importe qui nous traite n'importe comment. Quel respect du Dieu vivant pour nous, quelle considération !

Il reste juste une petite question : Est-ce qu'il est si formidable, ce monde sans Dieu et souvent contre l'homme ?

2

La vie personnelle, consciente et libre, de l'homme

L'homme capable du pire… comme du meilleur

Deux questions le taraudent : Pourquoi ? Comment ?

Germain est un petit garçon de dix ans. Un jour, il demande à sa maman :

— Dis, maman, est-ce que je peux te poser une question ? Comment ils sont venus, les hommes sur la terre ?

Sa maman arrête son repassage, s'assoit et lui explique. Il n'y avait rien sur la terre. Seul un petit filet d'eau arrosait le sol. Le Seigneur prit de cette boue argileuse et, patiemment, longuement, il modela l'homme. Nous sommes sortis de l'imagination et de la tendresse de Dieu.

— Oui, dit Germain, mais les filles, comment il les a faites ?

— Attends, l'homme n'était pas terminé. Le Seigneur s'est approché de ses narines. Il a soufflé son Souffle de Vie et l'homme s'est animé. Il était vivant. Tu vois, nous sommes à la fois d'argile et de divin.

Nous sommes très fragiles (un petit degré de température de plus nous met au lit), mais nous sommes très grands. Nous avons en nous le Souffle de Dieu, nous sommes animés par l'Esprit du Seigneur...

— Mais, les mamans, quand est-ce qu'il les a faites ?

— Après s'être fait potier-sculpteur et souffleur de verre, le Seigneur s'est fait jardinier paysagiste. Il a mis l'homme dans un jardin plein de fruits, de légumes, de plantes médicinales. Tout était à sa disposition. Mais l'homme se sentait toujours très seul. Alors le Seigneur a encore changé de métier. Il est devenu éleveur d'animaux. C'est lui qui les créait, mais c'est l'homme qui leur donnait leurs noms, parce que c'est l'homme qui en est responsable. Cependant, quand eurent passé devant l'homme tous les animaux du monde, même le canari, le poisson rouge, le chien, le cheval et le chat, l'homme n'était pas satisfait. Alors le Seigneur se fit médecin anesthésiste. Il fit sombrer l'homme dans un sommeil mystérieux. Et pendant qu'il dormait, il prit de la chair de son côté et il en fit la femme. Quand il se réveilla, l'homme s'écria émerveillé : « Ah, ce coup-ci, c'est vraiment l'os de mes os et la chair de ma chair... » Tu vois, il l'a créée non pas à partir de sa tête pour qu'il la commande, ni à partir de ses pieds pour qu'elle soit son esclave, mais à partir de son côté pour qu'elle reste près de son cœur.

— Et après ils ont eu des enfants ?

— Eh oui, Abel, Caïn et bien d'autres. C'étaient nos premiers parents.

Germain a écouté attentivement. Sa maman sent bien qu'il continue de réfléchir, mais elle le laisse quitter la buanderie ; et elle reprend son repassage. Son petit garçon descend lentement au garage. Le papa est en train de donner un coup d'éponge sur le tableau de bord de sa voiture.

— Dis, papa, je peux te demander quelque chose ?

— Mais oui, mon Germain. Qu'est-ce que tu veux savoir ?

— J'aimerais savoir comment les hommes sont venus sur la terre...

— Eh bien, ce n'est pas compliqué. Il y a quinze milliards d'années, il y a eu le big-bang, une formidable explosion d'une petite boule grosse comme une tête d'épingle. (Ce qui explique que notre univers soit en expansion.) Les planètes se sont formées. Cela a pris des milliards d'années. Sur une petite planète, les conditions ont été réunies pour que la vie apparaisse. Puis encore des millions d'années et voici les animaux... Parmi les animaux, une espèce de singe a évolué... Il s'est redressé petit à petit. Son cerveau s'est développé. Ses mains sont devenues habiles... Alors que les animaux font toujours leurs nids ou leurs terriers de la même façon, cette lignée s'est mise à faire des découvertes, à inventer, à se déplacer, à faire de l'élevage, à cultiver la terre. Et voilà !

Évidemment les propos de son papa troublent le petit Germain. Quelle version choisir ? Qui dit la vérité ? Très songeur, il retourne voir sa maman. Et il lui explique :

— Maman, je ne sais pas qui il faut croire, parce que toi tu m'as dit qu'on descendait d'Adam et Ève, et papa, lui, m'a expliqué qu'on vient d'un primate qui ressemblait à un grand singe.

— Ah, mais attends : papa, lui, t'a dit d'où vient sa famille. Moi je t'ai expliqué l'origine de la mienne.

Pour cette maman, ce trait d'humour était une belle façon de dédramatiser. Mais les deux présentations ne s'opposent pas. Le papa de Germain est plus intéressé par la question « comment ? » : comment les choses se sont-elles passées ? Et sa maman par la question « pourquoi ? » : pourquoi existe-t-il quelque chose plutôt que rien ? Pour avancer, il nous faut l'œil de la science et l'œil de la foi. Ne soyons pas des cyclopes.

Le récit de la création et ses extrapolations

Que d'histoires n'a-t-on pas inventées à partir du récit de la création du livre de la Genèse ! Des petits plaisantins disent que lorsque le Bon Dieu eut fini sa belle statue d'argile, il la laissa sécher un peu au soleil. Un moment après, il revint, et pour voir si la statue était bien sèche, il la toucha de son index au niveau du ventre. Ce n'était pas sec : cela a fait le nombril. Nous portons la marque de Dieu.

Les filles disent volontiers que si la femme a été créée après l'homme, c'est parce que tout artiste, avant de faire un chef-d'œuvre, fait d'abord un brouillon. Les garçons, eux, racontent que lorsque le Bon Dieu eut fait l'homme, il contempla son œuvre et dit : « Qu'est-ce que c'est beau ! » Et un moment après, lorsqu'il eut fait la femme, il dit, pas très content de lui : « Tant pis, elle se maquillera. »

Croire au Dieu Créateur, c'est d'abord se laisser aller à l'émerveillement. Être chrétien, ce n'est pas seulement croire que Dieu existe. C'est, avant tout, croire que j'existe pour Dieu. Cet amour de Dieu, nous le repérons à travers toutes les beautés de la nature, les sourires et les facéties de nos semblables.

Les dessinateurs et les humoristes ont l'art de nous introduire dans cet esprit d'enfance, cet esprit d'émerveillement. C'est ainsi qu'un certain Effel (non pas Gustave qui a construit la tour métallique de Paris et le viaduc de Garabit, mais Jean Effel) a raconté à sa manière la création de l'homme et de la femme. D'après lui, le Bon Dieu s'est fait aider par une multitude d'anges. À un moment donné, dans sa bande dessinée, on voit des anges apporter le foie pour le mettre en place dans l'abdomen de l'homme. Ils l'apportent depuis un laboratoire assez éloigné de la table d'opération et c'est pourquoi on voit une troupe de chats les suivre à la trace, ou à l'odeur !

Quelques pages plus loin, les anges sont en train d'installer les intestins, la vessie, les reins. Ils ont des allures de plombier avec une caisse à outils, un établi, des tuyaux, des « coudes », des boulons, un fer à souder. Un de ces anges artisans est en train de resserrer un boulon à l'aide d'une clef à molette. Le front mouillé de gouttes de sueur, il dit :

— Je ne sais pas si un jour ou l'autre avec ces tuyauteries, on n'aura pas des problèmes ?

La création de l'homme se termine. On sent que le Bon Dieu est fatigué. Les anges en sont à la décoration finale. Ils viennent d'implanter patiemment les cheveux. L'homme est magnifique avec sa chevelure très bien disposée. Mais les anges coiffeurs ont prévu trop de cheveux. Il leur en reste une grosse touffe dans les mains. Alors, ils disent au Bon Dieu :

— Qu'est-ce que nous faisons de tous ces cheveux ?

Et le Bon Dieu répond d'un air agacé, excédé, las :

— Écoutez, mettez-les où vous voudrez...

Effectivement, les anges les déposent un peu partout, où ils peuvent… Mais ils ont transformé les cheveux en poils !

Comme dit le psaume 8 au sujet de l'homme : « À peine le fis-tu moindre qu'un dieu…, tu le couronnes de gloire et de beauté » ; et le psaume 139 (138) : « C'est toi qui m'as formé les reins, qui m'as tissé au ventre de ma mère, je te rends grâce pour tant de prodiges : merveille que je suis, merveille que tes œuvres… »

Je connais une grand-mère qui a été formée, dans sa jeunesse, par la JOC. Sa foi a été burinée par les épreuves : l'entrée dans la vie professionnelle, les restrictions et les angoisses de la Seconde Guerre mondiale, la perte de deux jeunes enfants et de son mari relativement jeune. Ses conversations fourmillent d'anecdotes. Croyante et pleine de bon sens, elle ne craint pas les histoires croustillantes. Comme beaucoup de mamans, elle parle volontiers de l'accouchement de ses enfants.

« Une fois le péché originel commis, il est dit que tout deviendrait pénible : l'homme devra travailler à la sueur de son front. La femme enfantera dans la douleur… Quand Ève se rendit compte combien les souffrances de la femme mettant au monde son bébé allaient être grandes, elle dit au Bon Dieu :

— Mais, Seigneur, vous n'aurez jamais d'enfants. La Terre ne sera jamais peuplée. Il est inutile que vous attendiez des naissances.

Le Bon Dieu lui répondit :

— Ne t'inquiète pas ; j'y mettrai la folie et tout le monde y courira. » (En Haute-Loire, nous trouvons que « courra », le futur de « courir », ne va pas assez vite. Alors nous doublons volontiers le suffixe.)

On se demande bien pourquoi on a laissé entendre que ce domaine-là était opposé à la foi. C'est tout de même le Seigneur qui l'a inventé ! Comme toute réalité humaine bien sûr, il peut être aussi le lieu de gros ratages, de grands égoïsmes, de grandes blessures ; et c'est pourquoi il sera beau et constructif si Dieu y a sa place. Mais le Créateur l'a voulu, non seulement pour avoir de plus en plus d'enfants, mais aussi comme lieu de communion et d'unité pour les époux.

Capable de Dieu

Impressionnante clef de voûte

L'homme est *capax Dei* (« capable de Dieu ») disaient les théologiens des premiers siècles. Mais aujourd'hui, la culture a recouvert ce sens inhérent à la nature humaine. Les maîtres du soupçon ont gangrené notre façon de penser : pour Freud et sa psychanalyse, la foi est un sous-produit de l'inconscient ; pour Marx, la foi est une superstructure aliénante ; pour Nietzsche, la foi est une source de culpabilité. L'homme en Occident en a gardé des blessures, beaucoup de scepticisme et aussi de la tristesse.

Du coup, dans l'esprit de beaucoup, le christianisme n'est qu'une éthique, la religion est rétrécie aux dimensions d'un savoir-vivre. La conscience morale devient le sédiment de la foi, lorsque le noyau mystique s'est desséché et que le surnaturel a disparu. Cet horizontalisme est une plaie creusée par l'athéisme.

On a vite fait de dire : « La morale de l'Église est tout humaine. La morale de l'Évangile est un idéal impossible à atteindre, à mettre en pratique. »

Il y a à Rome, dans le centre historique, une curiosité architecturale : le panthéon, un édifice gigantesque. C'est un bâtiment circulaire, un cylindre de briques rouges surmonté d'une coupole. On sait que ce qui tient l'ensemble de ce genre de construction, c'est la clef de voûte, c'est-à-dire le sommet de cette demi-sphère qui coiffe le cylindre. Cela doit résister aux siècles.

Or, dans ce bâtiment, la clef de voûte, c'est un… trou de cinq à six mètres de diamètre ! Les Romains avaient dédié ce temple à tous les dieux (*pan theon*, en grec) et cette ouverture symbolisait l'accès de la terre au ciel. C'est un beau symbole de ce qu'est l'être humain.

La clef de voûte qui donne à l'être humain sa cohésion, son harmonie et qui fait sa grandeur, c'est son cœur profond. Et ce cœur profond est une ouverture, une possibilité de passage vers l'infini, un accès à Dieu infiniment grand, infiniment saint, infiniment beau, infiniment bon, infiniment vrai. Notre clef de voûte est une capacité à entrer en relation avec Dieu. C'est notre grandeur et notre fragilité.

Dans la Bible, il existe une seule allusion à l'athéisme : « L'insensé a dit en son cœur : Dieu n'existe pas » (psaume 14, verset 1).

En revanche, la Bible parle très souvent de l'idolâtrie.

Nous naissons tous avec le désir naturel du surnaturel.

En mon âme et conscience

« Il existe en chacun comme une “boussole intérieure” qui aide à pressentir où sont le bien et le mal. C’est ce qu’on appelle la “conscience”[1]. »

Les randonneurs sortirent pour randonner. L’un avait oublié sa carte et sa boussole et rentra chez lui par la route nationale. Un autre avait son topo-guide des sentiers de grande randonnée ; le topo-guide était sa loi et balisait l’itinéraire dans les moindres détails. Il suivit les flèches et randonna pendant deux heures. Les difficultés survinrent : une passerelle marquée sur la carte avait été détruite par les crues de l’hiver, une forêt était entourée d’une clôture infranchissable pour les sangliers et pour les randonneurs. Il rentra chez lui par la route nationale. Un troisième randonneur avait son topo-guide et sa boussole. En les utilisant bien, il connaissait la direction dans laquelle il marchait par rapport au nord. Il pouvait, à bon escient, modifier son itinéraire sur la carte et sur le terrain ; c’est ce qu’il fit quand il arriva à la passerelle détruite et à la forêt interdite...

Il était accompagné d’un ami âgé et bronchitique mais amoureux de la montagne ; le topo-guide prévoyait un passage très abrupt et très long. Grâce à la carte et à la boussole, il prit un chemin plus long mais plus facile et retrouva plus loin l’itinéraire prévu sur le topo-guide. C’était un randonneur avisé et prudent. IL CONNAISSAIT LA DIRECTION DANS LAQUELLE IL MARCHAIT.

1. *Catéchisme pour adultes par les évêques de France*, n° 499.

Une anecdote célèbre montre comment la conscience peut réagir et enregistrer pour longtemps... À six ans, Henri Grouès – le futur Abbé Pierre – est puni par son père pour avoir menti. Il a laissé soupçonner son frère d'avoir pris de la confiture, alors qu'il était l'auteur de ce menu larcin. Au retour de la fête familiale dont il a été privé, Henri entend son frère raconter avec force détails l'ambiance très joyeuse de la journée :

— Qu'est-ce que tu veux que ça me fasse, lui rétorque-t-il, puisque je n'y étais pas !

Le soir, M. Grouès fait remarquer à son fils tout l'égoïsme qui se cachait derrière la réflexion qu'il avait faite une heure plus tôt :

— Henri, comment est-ce possible que tu ne sentes pas que c'est affreux ? Il n'y a que toi qui comptes ! Que c'est mal !

— Il ne me punissait pas, dira plus tard l'abbé Pierre. Il était malheureux parce que je n'étais pas bon.

La conscience n'est pas une petite voix individuelle. Elle permet à chaque personne de percevoir et de faire sien ce qui est proposé à tous.

André Frossard disait avec humour : « Quand chacun fera sa loi, on finira peut-être par regretter les Commandements qui n'étaient que dix[1]. » Mais elle n'est pas qu'une espèce de radar capable de capter la Voix venue d'en haut, ni une simple « caisse enregistreuse » de bons réflexes.

Dans une interview, le journaliste demandait au philosophe René Girard :

1. In *Les pensées.*

— Qu'est-ce qui vous a conduit à écrire, parfois sur un ton polémique, une apologie du christianisme, apologie étant un terme que vous revendiquez ?

Il répondit :

— Il indique que les chrétiens doivent relever la tête. On avait fini par accepter, somme toute, le verdict de Nietzsche sur le christianisme. Observant que les premiers chrétiens appartenaient tous surtout aux classes inférieures, il les a accusés de sympathiser avec les victimes pour satisfaire leur ressentiment contre le paganisme. Or, le christianisme, loin d'être la « morale des esclaves », est la résistance héroïque à la contagion violente. C'est la clairvoyance d'une petite minorité qui ose s'opposer au grégarisme monstrueux du lynchage dionysiaque. Le christianisme, c'est le contraire de l'opinion de la foule. Les chrétiens se doivent de penser par eux-mêmes. Je souligne que dans les Évangiles, Jésus essaie d'ailleurs toujours d'échapper au grégaire. Il sort les individus de la foule. Jusque dans le passage de la femme adultère. Les protagonistes passent du bon côté parce qu'un premier homme s'est détaché des autres à l'appel du Christ.

La conscience permet à chaque personne de se surpasser.

Kasha et son singe bleu

Marie-Françoise Salamin raconte une belle histoire pour dire que la conscience nous permet non seulement de bien entendre la voix de Dieu mais aussi d'être inventifs en amour, à l'image du créateur[1].

1. Marie-Françoise Salamin, *Graines de Sagesse. Quelques chemins de vie*, éd. du Signe, Strasbourg, 1999, p. 61-63.

"Prêt-à-penser"

Dans la grande forêt équatoriale habitait une bien étrange tribu. En effet, chacun de ses membres portait un singe bleu sur l'épaule gauche. Les enfants naissaient tout nus, comme tous les bébés du monde. Mais arrivés à l'âge de raison, vers six ou sept ans, ils voyaient un beau jour un singe bleu s'installer sur leur épaule gauche. C'était pour eux une grande fierté. Et alors, toute la tribu faisait la fête. Ces singes étaient appelés « gardiens de la légende personnelle ». Chaque fois que quelqu'un réalisait quelque chose de bon pour lui et pour les autres, son singe lui faisait des câlins. Et dans le cas contraire, il lui mordillait l'oreille. Certains membres de la tribu avaient donc une belle oreille gauche, d'autres une oreille toute mordillée. Quelques rusés avaient même réussi à se protéger avec une petite housse de cuir. En fait, l'oreille gauche de ces gens était le reflet de leur cœur…

Kasha avait reçu son singe bleu à l'âge de sept ans et demi. Dès lors, il mit beaucoup d'énergie à prouver à tout le monde qu'il était un homme juste et bon. Il était toujours le premier à se présenter pour effectuer les travaux dans le village et c'est lui qui apprenait aux jeunes garçons à chasser et à pêcher. Mais malgré tous ses efforts, son singe bleu s'acharnait à lui mordiller l'oreille. Kasha en était bien humilié.

Un jour, il décida d'aller demander conseil au chef du village. « Va voir le forgeron. Tu comprendras comment suivre ta légende personnelle en le regardant. » Kasha alla donc près de la maison du forgeron. Il se cacha dans un arbre et l'observa. Il le vit couler le fer dans les moules, le marteler et en faire des socs de charrue qui paraissaient parfaits à Kasha. Mais le forgeron ne parut pas entièrement satisfait et il refondit l'un des socs. Le soir venu, Kasha, pas plus éclairé que la veille, rentra chez lui déçu.

Il retourna donc chez le chef du village qui lui conseilla cette fois d'aller voir Marah. « Qu'est-ce que cette pauvre femme peut m'apprendre ? » se demanda Kasha. À nouveau, il se dissimula dans du feuillage pour l'observer. Marah était en train de préparer le repas pour sa famille. Elle nettoyait avec soin le récipient, puis triait patiemment les céréales avant de les apprêter. Déçu à nouveau, Kasha rentra chez lui.

Le revoilà chez le chef du village, qui, cette fois, l'envoya chez un vieillard solitaire, reconnu pour sa sagesse. Kasha n'imaginait pas en apprendre quelque chose, mais obéit néanmoins. À nouveau, par fierté, il n'osa pas se montrer. Il l'observa de loin. Le vieil homme se promenait lentement aux alentours de sa cabane. Appuyé sur un bâton, il avançait en regardant le sol. De temps en temps, il ramassait une graine, un noyau. Alors, il scrutait les alentours puis, ayant trouvé l'endroit propice, il allait y faire un trou avec son bâton et y planter la graine. Tout cela lui prenait un temps énorme.

Kasha décida de rentrer chez lui. Il était tout songeur car il essayait de trouver un sens à tout cela. Chemin faisant, son pied heurta une grosse branche. Kasha fit machinalement un détour puis revint sur ses pas pour ôter la branche, afin que personne ne s'y heurte. Et son singe bleu fit plein de câlins à son oreille…

En butte au mystère du mal

Le prix à payer

Dans un amphithéâtre d'université aux États-Unis, un professeur d'éthique raconte cette fable moderne à ses étudiants :

Un grand savant reçoit un jour la visite du diable. Il lui propose une invention extraordinaire qui va révolutionner l'humanité. Elle va permettre de faire se rencontrer les gens. Plus de solitude, les gens vont communiquer, cela va les rapprocher, ouvrir leurs horizons. Elle va raccourcir les distances, transformer la planète en petit village, favoriser les rencontres... Mais, c'était le diable. Et il y avait une contrepartie. Le prix à payer : cent mille morts par an. Que faire ? Le savant était bien embarrassé...

— Qu'auriez-vous fait ? demande le professeur. Est-ce que vous auriez accepté le marché ?

Évidemment, c'est alléchant ! Dans une société où l'on recherche toujours des innovations, où l'on paie très cher des ingénieurs de toutes disciplines pour améliorer et progresser dans tous les domaines, la proposition est attrayante. Mais la majorité des étudiants fait remarquer que cent mille morts, c'est cher payé, qu'il vaudrait mieux refuser...

— C'est dommage, vous venez de condamner l'invention de l'automobile, dit le professeur.

Le mal ne serait-il que l'ambiguïté des choix humains ? Non. Le pape Paul VI a écrit que le mal n'est pas que la déficience humaine, c'est un être spirituel, une puissance cachée.

Le discours du diable

Rappelez-vous la chanson de Jacques Brel « Ça va ça va ». En voici une paraphrase :

Un jour le diable vint sur terre,
pour surveiller ses intérêts,
il a tout vu, le diable, il a tout entendu.
Et après avoir tout vu, après avoir tout entendu,
il est retourné chez lui, là-bas.
Et là-bas on avait fait un grand banquet,
à la fin du banquet,
il s'est levé, le diable,
et il a prononcé un discours :

« Il y a de plus en plus de jeunes
qui ont pour parents un écran lumineux :
ça va, ça va…
Il y a toujours un peu partout des enfants qui meurent de faim
tandis que d'autres s'empiffrent de hamburgers :
ça va, ça va…

Il y a sur terre des panneaux publicitaires
et une multitude de sites Internet libres d'accès
représentant hommes et femmes saccageant le beau mot de « l'amour » :
ça va, ça va…

Il y a dans les journaux ou les journaux télévisés
l'histoire de ceux qui tuent, volent et violent
afin d'être bien certains
que les enfants les prennent pour exemple :
ça va, ça va…

Il y a la société qui empêche les enfants
de trouver silence et intériorité

en leur offrant de drôles d'écouteurs
à mettre en permanence sur leurs oreilles,
on appelle cela le progrès :
ça va, ça va...

Il y a de beaux feuilletons
emplis de fantômes, squelettes et êtres d'outre-tombe
qui éloignent les jeunes de l'essen-Ciel :
ça va, ça va...

Il y a des boissons qu'on appelle alcoolisées
et de la poudre blanche vendue par des adultes
permettant aux jeunes de s'évader
et de se perdre au fond d'un gouffre :
ça va, ça va...

Il y a :
ça va, ça va, ça va, ça va, ça va, ça va... »

Un jour, un prêtre rencontre Auguste, un paroissien d'un certain âge, très pieux et très dévoué. Auguste lui dit : « Vous, les prêtres, vous ne parlez plus beaucoup du diable, ni dans vos sermons, ni au catéchisme. » Monsieur le curé lui répond qu'il essaie de parler de l'amour de Dieu et qu'il y a déjà beaucoup à dire... Auguste l'écoute sans l'interrompre mais il conclut : « C'est dommage, parce que c'était une brave police. »

En ce qui concerne l'existence du diable, certains pensent qu'il ne s'agit que d'une personnification du mal. D'autres le voient partout. Auguste le considérait comme une « force de dissuasion ». On a dit aussi que sa plus grande ruse était de laisser croire qu'il n'existe pas... On raconte que saint Romedius, assis dans un compartiment de train, écoutait en silence la compétition de blasphèmes à laquelle se livraient deux jeunes gens mal élevés, quand l'un d'eux dit en plaisantant :

— Mon père, je dois vous annoncer une mauvaise nouvelle : le diable est mort !

— J'en suis navré ! Mes sincères condoléances !

— Vos condoléances ? Pourquoi ? demandèrent en chœur les deux jeunes gens.

— Parce que je suis très triste pour vous qui êtes restés orphelins.

Le religieux s'était laissé aller à l'ironie. On ne sait pas s'il les a convaincus…

Le diable n'est pas le dieu du mal comme le présentait le système manichéen. Dans la Bible, il est représenté sous la forme du serpent. Comme un reptile venimeux, il a une grande capacité de nuisance mais on peut l'identifier et le combattre. L'Église enseigne qu'il attaque l'homme à quatre niveaux.

Le premier niveau est celui des *tentations*. Nous savons tous de quoi il s'agit… Et quand nous prions le Notre Père, nous terminons en demandant justement d'être délivrés du Malin.

Le deuxième niveau, ce sont les *oppressions*. Il semble qu'il les réserve aux grands saints. Le saint curé d'Ars ou le Padre Pio ont dû subir des attaques virulentes dans lesquelles intervenaient des visions et des bruits oppressants.

Sa troisième catégorie d'armes, ce sont les *obsessions*. Il agit sur la sensibilité des personnes pour provoquer des peurs ou des découragements. Les spécialistes savent distinguer ces troubles des délires hallucinatoires. La personne n'arrive plus à entrer dans une église par exemple. Les portes d'entrée dans ces obsessions sont variées : on pensait faire une séance de spiritisme pour s'amuser, on voulait juste faire tourner les tables, et on a ouvert la porte à un esprit mauvais. Il y a aussi la magie blanche et la magie noire, l'astrologie, le pendule, la radiesthésie, les dépendances, les liens avec la mort, la voyance... Comment s'en délivrer ? Par les sacrements, notamment la confession et l'eucharistie, et aussi les sacramentaux comme l'eau bénite, la médaille miraculeuse de la rue du Bac, tout ce qui permet de se confier à Jésus, de se remettre à lui.

Le quatrième niveau est le plus mis en valeur par certains médias : ce sont les *possessions*. Les symptômes sont très forts, comme la réaction violente aux objets saints, la révélation de choses cachées ou l'anormalité de la force physique. Ce sont des cas extrêmement rares. En revanche, ce qui nous guette tous, ce sont les possessions au sens analogique du terme : il est facile de se laisser posséder par la fièvre acheteuse ou la fièvre affectueuse, la vitesse au volant, l'entretien d'un état de tristesse injustifiée, et toutes sortes d'addictions.

Cependant, il faut se rappeler que Satan, depuis qu'il a été vaincu par le Christ sur la croix, reste un chien méchant, enragé mais attaché. Il ne mord que ceux qui s'approchent de lui. Le mal n'a de pouvoir sur nous que celui que nous voulons bien lui laisser.

Un blessé

Un petit animal jaune

Bien des auteurs chrétiens font l'éloge de la fragilité. Il est vrai que dans l'Évangile, il est écrit que la Bonne Nouvelle est annoncée aux pauvres. Il n'est pas d'abord écrit qu'elle est annoncée à ceux qui s'occupent des pauvres. Heureux ceux qui reconnaissent leurs pauvretés ! Mgr Pierre Claverie, évêque d'Oran assassiné en 1996, dans un livre[1] qui vaut son pesant d'or cite cette histoire :

Il était un petit animal, tout jaune, tout rond, à qui il manquait un morceau. Il en était très malheureux. Alors il se mit en recherche, criant partout :

— Je cherche le morceau qui me manque.

Tantôt sous le soleil, tantôt sous la pluie froide, tantôt sous la neige, il s'épuisait à chercher. Mais finalement, de manière ou d'autre, le soleil finissait toujours par percer.

En effet, comme il lui manquait un morceau, il ne pouvait rouler très vite. Aussi s'arrêtait-il pour parler au vermisseau, sentir une fleur ou regarder passer un escargot. C'était alors les plus beaux moments de sa vie. Il franchit les océans et les montagnes, ouvrant les yeux et chantant :

— Je cherche le morceau qui me manque.

Enfin, un jour il s'écria :

— J'ai trouvé !

— Minute, dit le morceau, je ne suis pas le morceau qui te manque. Je ne suis le morceau de personne. Je n'appartiens qu'à moi-même !

Alors le petit animal repartit tout triste, parce que le morceau n'était pas le frère qu'il cherchait. Roule et roule, il trouva quantité d'autres morceaux. Mais trop petits ou trop grands. Ou très bien, mais cassés. Une fois, il crut trouver, mais il serra si fort que le morceau se brisa. Enfin, un jour, il trouva un morceau qui lui sembla être exactement ce qu'il désirait :

1. *Petit traité de la rencontre et du dialogue*, éd. du Cerf, 2004.

— Oh ! cria-t-il. Es-tu le morceau qui manque à quelqu'un d'autre ?

— Non, dit l'autre, pas que je sache !

— Mais peut-être veux-tu être à toi-même ton propre morceau ?

— Bah, je peux être le morceau de quelqu'un et être aussi le mien ?

— Bien ! Mais peut-être, tu ne veux pas être le mien ?

— Ah... pourquoi pas ?

— Mais peut-être s'articulera-t-on mal ?

— Ah... Bien !

Et ce fut parfait. Enfin, il avait trouvé. Il repartit alors en roulant. Mais, comme il était devenu absolument rond et complet, sa vitesse s'accéléra. Et il roulait si vite, si vite, qu'il ne pouvait plus s'arrêter pour parler au vermisseau, sentir une fleur et s'émerveiller d'un papillon. Il roulait sur terre à toute allure. Alors le désespoir monta en lui :

— Je manque de tout ! dit-il.

Et il s'arrêta net. Il essaya de chanter, mais il bredouillait, car il avait la bouche pleine. Un papillon s'approcha et le regarda. Alors, lui, très lentement, se détacha du morceau qui le comblait. Il repartit lentement sur la terre en chantant :

— Un morceau me manque, un morceau me manque.

Alors, le papillon lui parla, et l'escargot et la fleur au bord de la route aussi.

La pauvreté de cœur est un certain consentement à la faiblesse, faiblesse ne voulant pas dire péché[1].

1. Parabole « Le morceau qui manque », extrait de *Virage*, février 1981, archives d'Oran.

La voiture sans freins

Grâce aux travaux de merveilleux médecins et psychologues, nous savons depuis une quarantaine d'années que des malheurs, comme l'alcoolisme, ne sont pas des tares mais des maladies. Celui qui boit trop et régulièrement n'est pas un « abruti », comme on le disait volontiers, mais une personne malade que l'on peut soigner. Un ami médecin addictologue, c'est-à-dire spécialiste des dépendances aux drogues, à l'alcool, ou à la cigarette me l'a mieux fait comprendre grâce à la parabole de la voiture sans freins.

Si vous êtes pris un jour en flagrant délit d'excès de vitesse, on vous donne une amende, on vous

enlève des points de votre permis. Vous vous dites qu'il est idiot de risquer d'avoir un accident grave pour gagner quelques minutes. Et comme votre voiture fonctionne bien, vous évitez de trop appuyer sur l'accélérateur et vous freinez quand il le faut. Une personne devenue dépendante de l'alcool ou de la drogue, ou de la cigarette, ou d'une mauvaise habitude, peut prendre conscience des dégâts qu'elle cause à sa santé, à ses relations, à sa famille, mais elle est comme une voiture sans freins. Quand survient la tentation, elle est debout sur la pédale des freins, mais ceux-ci ne répondent plus. Quelque chose en eux a été cassé. Et de même qu'une voiture sans freins doit être conduite chez un spécialiste, le garagiste, ces personnes ne peuvent retrouver leur liberté

que si elles acceptent de s'en remettre à des spécialistes. Une thérapie les aidera à réparer ce qui en elles a été cassé pour que lorsque survient la tentation, la volonté soit plus forte, et pour qu'elles retrouvent la maîtrise de leurs choix.

Un ami dit avec humour qu'un saint, c'est quelqu'un qui a des tentations lorsqu'il n'a pas d'occasion, et qui a des occasions lorsqu'il n'a pas de tentation. Ce serait trop simple s'il en était ainsi. On sait bien, hélas, que lorsque survient la tentation, on a vite fait de trouver l'occasion de l'assouvir. Et qu'on sait très bien transformer l'occasion en tentation. Mais la bonne nouvelle, c'est que, lorsque les freins sont cassés, on peut les réparer. Il suffit d'avoir assez d'humilité et de simplicité pour faire appel aux spécialistes. Ils nous accueilleront aussi gentiment que notre garagiste.

Kirikou et la sorcière

Sans doute connaissez-vous l'histoire de Kirikou et la sorcière. Vous avez pu voir le DVD en famille. Il s'agit d'un conte africain repris par Michel Ocelot. Un village souffre énormément du mal incarné par Karaba, la sorcière orgueilleuse et jalouse du bonheur des villageois : elle « mange » les hommes dès qu'ils s'approchent d'elle. Le mal est sans remède et la lutte totalement inégale, car Karaba est entourée de ses fétiches maléfiques. Mais ce serait compter sans la naissance d'un enfant, le petit Kirikou. Cet enfant vivement intelligent, sans peur ni reproche, va ruser contre cette femme qui est l'incarnation du mal. Il découvrira la faille de ce monstre de méchanceté : Karaba est méchante car elle souffre à cause d'une épine enfoncée dans son dos. Comme personne n'ose s'approcher d'elle, personne ne peut retirer cette écharde dans sa chair. Kirikou réussira ce tour de force et la méchante sorcière se transformera en une très belle femme, douce et aimante. Kirikou grandira rapidement et se mariera avec elle. Ce conte est très profond et réjouissant à bien des niveaux. La clef est cependant dans cette phrase qui sonne comme une révélation : elle est méchante car elle souffre.

Un jeune m'a raconté qu'un de ses neveux, ayant regardé des dizaines de fois ce dessin animé, répliqua à un enfant qui l'avait agressé pendant la récréation : « Où elle est ton épine à toi pour qu'on puisse te l'enlever ? »

Marie Madeleine, la Vierge Marie et les larrons

Dans un de ses livres, le père Molinié, théologien, fait cette belle méditation : au pied de la croix, le vendredi saint à Jérusalem, alors que Jésus agonise, Marie Madeleine et la Vierge Marie sont très proches. Celle qui a eu une vie mouvementée et celle qui a eu une vie plus qu'exemplaire sont très unies. Marie Madeleine, en sanglotant à grosses larmes, voit le sang de Jésus couler de ses poignets percés, de ses pieds transpercés par les clous, de son front griffé par la couronne d'épines. Et elle dit :

— Voici le Précieux Sang qui m'a purifiée de tous mes péchés.

La Vierge Marie, qui se tient debout non seulement physiquement, mais dans sa foi, alors que son cœur est comme transpercé par une épée, dit quant à elle :

— Voici le Précieux Sang qui m'a préservée de tout péché.

Les deux sont très proches. Dans l'un et l'autre cas, c'est une grâce, c'est un bienfait de Dieu, c'est un effet du plus grand acte d'Amour de tous les temps qui s'est déroulé sur la croix.

« Voici le Précieux sang qui m'a purifiée de tous mes péchés. »

« Voici le Précieux sang qui m'a préservée de tout péché. »

Spontanément, nous pensons : quand je serai impeccable, j'aurai le droit de fréquenter Dieu. La Bonne Nouvelle de l'Évangile, c'est le contraire : Jésus est venu pour la brebis perdue, pour les pécheurs, pour les pauvres, les blessés de la vie.

Le père André Daigneault est canadien. Dans son livre, *Le chemin de l'imperfection*, il démontre que ce sont nos défauts reconnus, nos blessures identifiées et exposées à l'amour de Jésus, qui nous ouvrent le cœur de Dieu.

Il raconte qu'un jour on lui avait demandé d'aller dans une prison pour parler aux prisonniers. Devant une vingtaine de détenus, sans doute des escrocs, des trafiquants de drogue, peut-être des assassins, des dépravés, que dire ? Il a commencé en les faisant rire. Il leur a dit avec beaucoup d'humour et de délicatesse : « Vous savez : Jésus n'est pas mort entre deux cierges. Il est mort entre deux "toi". »

Il ne voulait pas prononcer le mot de bandit ou même de larron.

La petite cruche

Je ne sais qui a imaginé cette prière. Mais elle est savoureuse.

« Seigneur, excuse-moi si je te dérange. Il m'est venu tout à l'heure à l'idée que tu avais besoin d'un saint... Alors, je suis venu pour la place. Je ferai très bien ton affaire !

Quoi qu'on dise, le monde est rempli de gens parfaits. Il y en a qui t'offrent tant de sacrifices que, pour que tu ne te trompes pas en les comptant, ils les marquent avec de petites croix sur un carnet. Moi, je n'aime pas faire des sacrifices, cela m'ennuie énormément ! Ce que je t'ai donné, Seigneur, tu sais bien que tu l'as pris sans permission. Tout ce que j'ai pu faire, c'est de ne pas rouspéter.

Il y a des gens qui se corrigent d'un défaut par semaine. Alors, ils sont forcément parfaits au bout d'un trimestre. Moi, je n'ai pas assez confiance en toi pour faire ça : qui sait si je vivrai encore au bout de la première semaine ? Tu es si impulsif, mon Dieu ! Alors, j'aime autant garder mes défauts en m'en servant le moins possible.

Les gens parfaits ont tant de qualités qu'il n'y a plus de place en eux pour autre chose. Ils n'arriveront jamais à être des saints ; d'ailleurs, ils n'en ont pas envie...

Mais un saint, Seigneur, c'est un vase que tu remplis de ta grâce, qui déborde de ton amour, de la sainteté des TROIS.

Or, Seigneur, je suis un vase vide, avec un peu de boue qui stagne au fond ! Ce n'est pas propre, je le sais bien, mais tu dois avoir quelque céleste poudre à récurer et… à quoi servirait l'eau, sinon à nous laver ?

Si tu ne veux pas de moi, Seigneur, je n'insisterai pas… Réfléchis cependant à ma proposition, elle est sérieuse. Quand tu iras dans ton cellier puiser le vin de ton amour, rappelle-toi que tu as, quelque part sur la terre, une petite cruche à ta disposition !

Amen ! »

La sainteté n'est pas l'héroïsme

Quand on parle d'un grand personnage de l'histoire, on résume sa vie à grands traits en rappelant ses exploits : Christophe Colomb ? L'audacieux marin qui a découvert le « Nouveau Monde ». Napoléon ? Le glorieux empereur aux victoires éclatantes. Guynemer ? L'as de vingt-trois ans aux cinquante-quatre victoires. Gagarine ? Le premier homme dans l'espace… Ou même encore Piccard et son fabuleux tour du monde en ballon.

Quand, au contraire, il s'agit des grands personnages que sont les saints, on ne s'arrête pas tellement aux grandes choses qu'ils ont pu accomplir, mais à des petits faits qui caractérisent leur sainteté. Si je vous dis « saint Martin », vous ne pensez pas à l'apôtre prodigieux qu'il a été, lui qui a évangélisé une grande partie de notre pays encore païen. Mais vous pensez tout de suite au manteau partagé avec le pauvre. Saint François d'Assise ? Un fondateur au rôle capital pour l'Église qui, grâce à lui, a connu alors un nouvel et puissant élan. Mais on pense d'abord au doux François qui parlait aux oiseaux et qui priait en disant : « Là où est la haine, que je mette l'amour. » Sainte Thérèse de Lisieux ? Que le pape l'ait nommée docteur de l'Église a certes réjoui le peuple chrétien, mais sans plus. Elle reste avant tout, pour chacun, « la petite Thérèse », l'humble carmélite des « petits riens ». Et plus proche de nous encore, Mère Teresa de Calcutta. Le monde entier a reconnu l'ampleur de son œuvre. Elle a eu des funérailles grandioses : des dizaines de chefs d'État s'étaient déplacés. Mais curieusement, on les sentait gênés de ne pas trop savoir quoi dire sur elle. Quelqu'un qui l'a bien connue expliquait : « Mère Teresa recueillait un pauvre dans le ruisseau, le nettoyait, lui tenait la main pendant des heures. Elle l'a fait des milliers de fois ; il n'y a pas d'autres grands faits à rapporter. »

Un jeune homme était promis à une brillante carrière au barreau d'une grande ville. Mais il avait la charge d'une sœur handicapée, inconsciente de ce qui l'entourait. « Pour cet être fragile comme un oiseau, comme une petite flamme, l'avocat renonça aux promesses de sa carrière et se retira avec sa sœur dans un obscur village de province où sa vie perdit tout éclat, mais où il devint le vigilant gardien de l'infirme que tout pouvait blesser et qui ne voyait le monde qu'à travers la médiation de son frère. » Puis, la petite handicapée meurt. Et on trouve l'avocat marchant avec un ami, au soir d'une vie qu'il ne peut recommencer. L'ami l'interroge sur le sens de cette vie :

— Ne regrettes-tu rien ?

Trop troublé, l'homme se tait. Les pas des deux amis se portent vers une saxifrage, petite fleur rouge qui pousse, solitaire, loin des regards, sur le sommet des roches. L'avocat demande, comme à lui-même :

— T'es-tu jamais demandé pourquoi cette précieuse petite merveille pousse presque inutilement en des lieux visités par personne ?

À son ami médusé qui ne sait que dire, il répond :

— C'est pour que le monde soit plus beau quand le soleil le regarde.

Voilà ce qu'est la gratuité[1].

Il était une fois une toute petite source perdue au milieu d'un immense désert. Les gens croyaient qu'elle coulait mais en fait elle pleurait. Son goutte-à-goutte était ses larmes. Elle se lamentait parce qu'elle était découragée. Comment elle, si petite, aurait-elle pu irriguer cet immense désert ? À quoi servait son eau ? Malgré sa présence, le désert était toujours aussi sec, aride et infertile. C'est un petit fennec qui lui redonna la joie. Il lui fit découvrir que sa seule raison d'être était d'entretenir une petite fleur. Sans la petite source, la fleur qui avait ainsi les pieds dans l'eau serait desséchée depuis longtemps, mais grâce à elle, elle prospérait. C'était une raison largement suffisante pour extraire chaque jour quelques gouttes d'eau d'une nappe phréatique. La source continua de pleurer. Mais ses larmes étaient des larmes de joie.

1. Édouard Estaunié, *L'infirme aux mains de lumière*, Grasset, 1923.

3

Vivre avec les autres

Comment sont les gens ?

Il était une fois un vieil homme assis à l'entrée d'une ville du Moyen-Orient. Un jeune homme s'approcha et lui dit :

— Je ne suis jamais venu ici ; comment sont les gens qui vivent dans cette ville ?

Le vieil homme lui répondit par une question :

— Comment étaient les gens dans la ville d'où tu viens ?

— Égoïstes et méchants. C'est d'ailleurs la raison pour laquelle j'étais bien content de partir, dit le jeune homme.

Le vieil homme répondit :

— Eh bien, tu trouveras les mêmes personnes ici.

Un peu plus tard, un autre jeune homme s'approcha et lui posa exactement la même question.

— Je viens d'arriver dans la région : comment sont les gens qui vivent dans cette ville ?

Le vieil homme répondit de même :

— Dis-moi, mon garçon, comment étaient les gens dans la ville d'où tu viens ?

— Ils étaient bons et accueillants, honnêtes, j'y avais de bons amis ; j'ai eu beaucoup de mal à la quitter, répondit le jeune homme.

— Eh bien, tu trouveras les mêmes personnes ici, répondit le vieil homme.

Un marchand qui faisait boire ses chameaux non loin de là avait entendu les deux conversations. Dès que le deuxième jeune homme se fut éloigné, il s'adressa au vieillard sur un ton de reproche :

— Comment peux-tu donner deux réponses complètement différentes à la même question posée par deux personnes ?

— Celui qui ouvre son cœur change aussi son regard sur les autres, répondit le vieillard. Chacun porte son univers dans son cœur.

Ce conte nous rappelle que le monde extérieur est bien souvent à l'image de notre monde intérieur. Si nous nous débattons dans des pensées noires, la vie nous paraîtra alors bien sombre. Et dans ces moments-là, il est très utile de se souvenir que la vie n'est pas sombre, et que seules nos pensées le sont. Sachons mettre de la lumière et de l'amour en nous, pour avoir une chance de percevoir des éclats de lumière et d'amour dans les situations les plus difficiles de la vie.

Cannibales

Le père Claverie, dans son livre déjà cité, pour nous livrer la première des grandes conditions nécessaires, selon lui, à un dialogue réussi, part d'une petite anecdote.

— Pourquoi, pourriez-vous demander à un cannibale, mangez-vous des hommes ?

Évidemment c'est une question, surtout si on est avec un cannibale ! Il vous répondrait qu'en fait ceux qui connaissent les cannibales savent qu'ils ne mangent pas d'hommes. Ils risquent d'être mis à mort sur-le-champ pour avoir attenté à la vie d'un homme.

— Mais, pourriez-vous protester, je viens juste de vous voir en mettre un dans la marmite.

— Ce n'était pas un homme, répondrait-il, en agitant la tête.

— Qu'est-ce qu'un homme ? demanderiez-vous avec anxiété, conscient de l'extrême importance de la réponse à cette question…

— Un membre de la tribu !

Le père Clavarie explique : « C'est ainsi que nous pouvons nous dévorer les uns les autres, de tribu à tribu ! J'ai vécu dans la bulle coloniale, comme je l'ai dit souvent. Même si ce n'était pas du cannibalisme, on se jugeait et on se juge encore les uns les autres de cette manière-là. Il y a les Arabes d'un côté et les Européens de l'autre… »

C'est pourquoi le père Pierre Claverie conseille de partir de la différence. Le premier pas du dialogue ce n'est pas de dire : « Finalement, grosso modo, nous sommes semblables. » Au contraire, je suis ainsi, tu es ainsi, essayons de le découvrir et de nous approcher l'un de l'autre. Pour que les bases soient vraiment communes, il faut sortir de l'illusion que les mots recouvrent les mêmes réalités. Je préfère me dire, *a priori*, que l'autre est autre. D'ailleurs, s'il est autre, c'est dans une différence. Je prends acte de cette différence avant d'esquisser une rencontre. Je ne serai jamais l'autre, ni à la place de l'autre, malgré tout mon désir de communier avec lui, de le connaître, de l'aimer, c'est impossible.

On ne peut pas vivre dans l'illusion que finalement nous sommes très proches, que l'on peut gommer la différence, en deux temps, trois mouvements. Il faudra cheminer longuement ensemble pour se découvrir, s'apprécier, s'aimer.

Côté pile, côté face

Le père R. était curé de la même paroisse depuis une douzaine d'années. Dès son arrivée, il avait subi la forte personnalité et les excentricités d'une paroissienne que nous appellerons Marisette. Cependant, par son intelligence, sa finesse et son humour, le père R. avait conquis peu à peu cette chrétienne très active, mais aux idées extravagantes. Un jour, Marisette lui dit :

— Père, j'aime beaucoup la façon dont vous célébrez les messes de funérailles. Vous avez l'art de bien accueillir la famille, et surtout de mettre en valeur ce qu'il y a eu de bien dans la vie du défunt, de relever toutes les valeurs évangéliques qu'il a vécues même si apparemment il était loin de l'Église. J'ai envie de vous demander ce que vous diriez à mon enterrement.

— Eh bien, lui répond malicieusement le père R., je développerais trois points : premièrement, je rappellerais qu'en toute personne il y a des défauts et des qualités. Une personne n'est pas monolithique. Pour être objectif, il faut parler des deux. Deuxièmement, on observe que nos défauts sont souvent le côté face de nos qualités. Un défaut est le contrepoint d'une qualité et *vice versa*. Et troisièmement, je dirais que cette paroissienne n'avait que d'immenses qualités.

Elle était fine. Elle a parfaitement compris le sous-entendu.

— Alors, là, père, vous m'avez bien eue !

L'astuce du père R. donne à réfléchir. C'est vrai que nos défauts sont l'envers de nos qualités. Si quelqu'un est têtu, c'est qu'il est persévérant. Si vous trouvez que quelqu'un est trop entêté, positivez en pensant que c'est gage de fidélité. Une personne qui agace par son perfectionnisme peut être appréciée pour son côté méticuleux. Si vous rougissez facilement par timidité, dites-vous que c'est un signe de sensibilité que beaucoup apprécieront. Si quelqu'un vous agace parce qu'il se met trop facilement en colère, pensez qu'il vaut mieux savoir s'indigner que rester indifférent. Si vous vous désolez de ne pas savoir prendre la parole, n'est-ce pas un signe que vous avez une grande capacité d'écoute ? On dit qu'une mauvaise plante est une plante dont on n'a pas encore découvert les vertus. C'est valable autant pour le jugement que nous portons sur les autres que pour le jugement que nous portons sur nous-mêmes. Et si vous êtes agacé par d'immenses défauts chez les autres ou chez vous, pourquoi ne pas chercher les immenses qualités qui en sont le côté pile ?

Supposition

Beaucoup de nos difficultés relationnelles viennent du poison de l'interprétation. Ne nous laissons pas piéger par l'interprétation (ou alors soyons assez rusés pour qu'elle tourne à notre avantage !).

Avant de savoir ce que l'autre pense réellement, j'imagine, je fais tout un film, j'interprète. Et, la plupart du temps, je me trompe, évidemment.

Nous sommes dans un train qui a quitté une des gares de Paris depuis une bonne demi-heure. Dans ce compartiment de six places, il n'y a que trois personnes : un jeune supporter du Paris-Saint-Germain avec son écharpe, un jeune supporter de l'OM bien reconnaissable également. On peut dire qu'entre les deux, ce n'est pas l'entente cordiale. Mais ils se respectent sans doute parce qu'ils sont intimidés par le troisième voyageur, une jeune fille suédoise très mignonne. Voilà que le train traverse un tunnel. Les trois voyageurs se trouvent dans l'obscurité totale. À ce moment-là, on entend un bruit de bisou, suivi presque immédiatement par le bruit d'une grande gifle.

Quand le train sort du tunnel, le jeune supporter du Paris-Saint-Germain se frotte la joue. Il a encore très mal, et il se dit : « Le Marseillais a dû vouloir embrasser la fille suédoise, ça ne lui a pas plu. Elle a voulu lui coller une gifle et c'est moi qui l'ai reçue. »

La fille suédoise se dit : « Le Parisien a dû vouloir m'embrasser. Il s'est trompé. Dans le noir, il a embrassé le Marseillais, ça ne lui a pas plu… Il a reçu une gifle. »

Et le Marseillais se dit : « Vivement le prochain tunnel, que je puisse refaire le bruit du bisou et coller une gifle au Parisien. »

LE MARSEILLAIS A DÛ VOULOIR EMBRASSER LA SUÉDOISE ET C'EST MOI QUI AI REÇU LA GIFLE...
LE PARISIEN A DÛ VOULOIR M'EMBRAS--SER... DANS LE NOIR IL A EMBRASSÉ LE MARSEIL--LAIS ET IL A REÇU UNE GIFLE...
VIVEMENT LE PROCHAIN TUNNEL, QUE JE PUISSE REFAIRE LE BRUIT DU BISOU ET COLLER UNE GIFLE AU PARISIEN...
ALLEZ PARIS SG
ALLEZ L'

L'interprétation peut coûter cher !

Un homme aux allures modestes entre dans un bar. Il semble gauche et timide. Il s'installe à une table dans le coin le plus sombre. Il est là depuis un quart d'heure sans avoir commandé quoi que ce soit. Finalement le garçon s'approche de lui :

— Qu'est-ce que je vous sers, monsieur ?

Et notre homme lui répond, l'air gêné :

— Oh, vous savez, avec ce que j'ai...

Le garçon lui dit :

— Je vous conseille un whisky. C'est bon pour tout. Pour les intestins, pour le cœur. Et aussi pour le moral.

Il lui apporte un whisky. Le monsieur le sirote lentement. Il l'a fini depuis un quart d'heure. Comme il n'a toujours rien demandé, le serveur s'approche à nouveau :

— Est-ce que je dois vous servir autre chose, monsieur ?

— Oh ! Vous savez, pour ce que j'ai...

Le garçon, qui n'ose pas demander ce qu'il a, lui conseille un autre whisky. Il se dit que si ce n'est pas bon pour ce qu'il a, c'est toujours bon pour la caisse du bar. Trois fois encore, il va revenir. Et trois fois le même dialogue et le même whisky. Finalement au bout de la sixième fois, le garçon pense qu'il peut se permettre cette audace et il lui demande :

— Mais, monsieur, si ce n'est pas trop indiscret, est-ce que je peux vous demander ce que vous avez exactement ?

Et l'autre répond :

— C'est-à-dire, heu, je n'ai qu'un euro.

Prenons donc garde à ne pas en rester à ce que nous pensons saisir de l'autre. Perspicacité et délicatesse permettront à l'autre de dire le fond de sa pensée. La patience apporte alors beaucoup dans le rapport à l'autre : savoir attendre.

Qui a raison ?

Dans un monastère trappiste, deux moines se promènent dans le jardin. Soudain, l'un des deux arrête l'autre :

— Attention, tu vas marcher sur un escargot !

— Et alors, ce n'est pas grave, au contraire, cet animal aurait pu manger les salades que notre frère jardinier se donne tant de mal à faire pousser, pour la plus grande satisfaction de nos papilles.

— Mais cet escargot fait partie de l'écosystème, il est essentiel dans la chaîne de la vie, dans l'équilibre naturel du jardin.

Et les deux moines n'arrêtent pas de se disputer sur le sujet, jusqu'à ce qu'un troisième arrive, alerté par les éclats de voix. Ce dernier propose d'aller demander conseil au père abbé, un vieux moine plein de sagesse.

Le premier moine explique que son frère a failli écraser un escargot, un animal qui a sa place dans l'écosystème, qui est essentiel dans le bon fonctionnement de la nature. Alors, le père abbé lui dit :

— C'est vrai, tu as raison.

Le deuxième rétorque que cet escargot mange des salades qui permettent de nourrir la communauté, qu'il est nuisible, etc. Alors le sage lui dit :

— C'est vrai, tu as raison.

Le troisième intervient alors :

— Mais, tous les deux ne peuvent avoir raison alors que leurs points de vue sont opposés.

Et le sage lui dit :

— C'est vrai, tu as raison.

Les médias nous ont rendus simplistes, voire manichéens, en tout cas « binaires » : tout serait blanc ou noir. Il n'y aurait pas d'intermédiaire. Le système informatique est un monde binaire qui ne comporte que deux états. Ce serait ou juste ou faux, correct ou incorrect. Or la réalité est souvent tout autre.

Saint Luc et saint Marc racontent qu'un jour l'apôtre Jean prit la parole et dit : « Maître, nous avons vu quelqu'un expulser des démons en ton nom, et nous voulions l'empêcher, parce qu'il ne te suit pas avec nous. Mais Jésus leur dit : "Ne l'empêchez pas, car qui n'est pas contre nous est pour nous" » (Luc 9, 48-50).

Avant tout jugement péremptoire, il est bon d'essayer d'écouter, de rechercher la parcelle de vérité qui est en l'autre.

Le travail fait par les autres

Chez un garagiste spécialiste des motos de toutes cylindrées, un mécanicien retire le joint de culasse du moteur d'une Harley Davidson.

C'est alors qu'entre dans le garage un chirurgien du cœur très connu, qui salue d'un bonjour rapide à la cantonade. Il attend patiemment que le responsable du garage vienne jeter un coup d'œil à sa moto. Tout d'un coup, le mécanicien crie du fond du garage :

— Eh, toubib, est-ce que je peux vous poser une question ?

Le chirurgien, un peu surpris, se dirige vers le mécanicien toujours occupé par la moto. Le mécanicien se lève fièrement, essuie ses mains dans un chiffon et demande :

— Alors, toubib, regardez ce moteur. J'ai ouvert son cœur, j'ai retiré les valves, je les ai réparées et je les ai remises aux mêmes endroits. Résultat : ça fonctionne comme si c'était neuf ! Donc comment se fait-il que je reçoive une paye de misère en fin de mois et vous une fortune alors que vous et moi faisons pratiquement le même boulot ?

Le chirurgien reste silencieux, puis en souriant, il se penche vers le mécanicien pour lui murmurer :

— Essayez donc de le faire avec le moteur qui tourne.

Le travail fait par les autres ne nous ennuie pas... Saint Paul donne un très bon conseil dans sa lettre aux Philippiens : « N'accordez rien à l'esprit de parti, même à la vaine gloire, mais que chacun par l'humilité estime les autres supérieurs à soi » (Ph 2, 3).

Estimer les autres supérieurs à soi-même est un principe de vie qui apporte beaucoup de joie parce qu'il chasse le poison de la jalousie et entretient l'émerveillement.

Saint Vincent de Paul disait : « Les pauvres sont nos maîtres. » Il appelait les mendiants, les orphelins, les malades : « Nos seigneurs les pauvres. » Essayons de le faire pendant que le cœur tourne.

Le lapin du voisin et le labrador

Cette histoire est véridique. Elle s'est passée dans un lotissement. Imaginez deux maisons côte à côte dont la séparation est une simple haie de thuyas. D'un côté, le voisin a un gros chien, un beau labrador. De l'autre, le voisin élève quelques lapins en cages. Un matin alors qu'il sait que son voisin est parti depuis la veille pour deux jours, le propriétaire du labrador voit arriver son chien avec un lapin du voisin dans sa gueule, tout heureux de son butin. Le lapin est mort, pas abîmé du tout mais plein de terre. Le chien a dû jouer avec. Que faire ? Quand il s'agit de ses lapins, le voisin est plutôt susceptible ; ça va faire encore une histoire qui risque de durer longtemps. Le gars est bien ennuyé. Il gronde son chien et puis il a l'idée de laver le lapin et d'aller le remettre dans sa cage, ni vu, ni connu. Le voisin pensera que son lapin est mort bien gentiment. Après tout, cela arrive. Il le lave délicatement, le sèche au sèche-cheveux, et va le déposer dans la cage vide qui était effectivement ouverte. Il espère bien que l'incident sera clos.

Le dimanche soir, le voisin revient de week-end. Une heure après, il vient sonner à la porte. Étonné, il lui dit :

— Tu n'as pas remarqué quelque chose de bizarre chez moi ce week-end ?

L'autre répond d'un air innocent

— Non, non, rien. Pourquoi ?

— Parce que mon lapin est mort vendredi soir, je l'avais enterré au fond du jardin, et voilà qu'en rentrant, je le retrouve tout propre dans sa cage.

Je ne sais pas quelle leçon vous tirerez de cette histoire. Il y en a probablement plusieurs.

Premièrement, il est inutile de se faire du souci à l'avance.

Deuxièmement, ne vaut-il pas mieux dire la vérité plutôt que d'essayer de la dissimiler ? Si le propriétaire du labrador avait décidé d'avouer le larcin de son chien, il aurait été rassuré.

Il faut toujours se rappeler que jamais, jamais « lapin ne justifie les moyens ».

Le goinfre de kougel

Mettre l'amour de Dieu avant tout distancie de nous-mêmes. Une histoire juive le dit de façon très émouvante.

Un village vient de perdre son rabbin. Il faut le remplacer. À qui faire appel ? On signale un homme encore jeune vivant avec son épouse très discrètement, et très pauvrement. Le conseil des anciens lui propose d'assurer la prédication. À cette première écoute, toute l'assemblée est subjuguée. Non seulement ce qu'il dit mais aussi ses silences et toute son attitude parlent de Dieu. Évidemment, on le prend comme rabbin. On lui fait présider le shabbat. Au cours du shabbat, on présente au président un kougel, un plat typique. Normalement le rabbin doit partager le plat, se servir et le distribuer à chacun.

Mais voilà qu'à l'étonnement général le nouveau rabbin se jette sur le plat et le termine goulûment. Il demande même qu'on lui apporte le moule et il dévore les miettes restées collées au fond. Parce qu'il n'y a qu'un pas du Capitole à la roche Tarpéienne, on se moque de lui et le ridiculise par un surnom : « le goinfre de kougel ». On le garde comme rabbin mais plus personne ne l'écoute. Il continue à étudier la Thora.

Il passe sa vie dans l'anonymat et arrive un jour au « Rendez-vous de tous les vivants », comme dit Job. Les anges l'accueillent, mais ils annoncent son arrivée au juge suprême avec le surnom « goinfre de kougel, goinfre de kougel ». L'âme du pauvre rabbin en est toute retournée : ce surnom ridicule qui avait gâché sa vie le poursuit jusqu'ici. On dépose tous les actes du goinfre de kougel sur la balance. Sur un plateau les mauvaises actions, sur l'autre les bonnes actions. Et voici que ce deuxième plateau descend et descend. Ensuite on apporte le livre sur lequel est écrit en lettres de feu le déroulement de la vie de chacun. Il était aussi consigné de quelle manière et pourquoi le surnom humiliant de goinfre de kougel lui avait été attribué. Il avait subi toutes les humiliations à cause d'un acte de bonté.

Le kougel extraordinaire qu'on avait servi ce fameux soir n'avait pas le goût de la vanille et de la cannelle mais du pétrole. Le rabbin n'avait jamais dévoilé ce secret à personne, car si quelqu'un l'avait su, la cuisinière, une pauvre veuve chargée d'une nombreuse famille, aurait perdu son emploi et ses moyens de subsistance. Mais grâce au jeune rabbin, son erreur resta cachée à tous, même à elle-même.

Le monde tient parce qu'il est rempli de ce genre d'actions. Notre œil est plus facilement exercé à prendre en défaut. L'amour venu d'en haut, patiemment, nous apprend à deviner l'existence de trésors de bonté et de beauté en l'autre.

4

La vie avec Dieu dès maintenant

Vous circulez en voiture. Un jeune homme se tient au bord de la route, le bras tendu dans votre direction et le pouce levé. Cela signifie : « J'aimerais que vous me preniez à bord de votre véhicule. » Certains écrivent même sur un panneau la destination de leur voyage. C'est parce que nous communiquons mieux avec des signes et des paroles. Ces signes ont du pouvoir : le geste de l'auto-stoppeur peut faire s'arrêter des voitures !

Dans une chambre d'hôpital, une main qui caresse la main d'une personne alitée peut procurer beaucoup de réconfort et d'espérance. Comme un simple regard accompagné d'un « je t'aime » peut bouleverser une vie à jamais.

Pour un chrétien, Dieu parle, communique ses grâces, se communique lui-même, à travers des signes accompagnés d'une parole. Ce sont les sacrements, des « signes efficaces pour nous donner la grâce ». Pour les catholiques et les orthodoxes, ils sont au nombre de sept qui accompagnent tous les âges de la vie et toutes les situations de vie.

Le baptême et la confirmation

Nous sommes de la famille de Dieu

Dans une grande église d'une grande ville, on célébrait les funérailles d'un monsieur de quatre-vingts ans, richissime. Il avait bâti un empire financier et laissait à ses héritiers une fortune colossale. Dans l'assistance, il y avait un homme qui pleurait toutes les larmes de son corps. Quelqu'un s'approche de lui et demande, compatissant :

— Vous êtes de la famille ?

Et l'autre répond :

— Eh non. Justement !

Il regrettait de ne pas faire partie de la famille uniquement parce que ça aurait pu lui rapporter gros.

Quantité de personnes ont été introduites dans une famille aux avantages autrement plus importants que l'argent. Et elles n'en veulent pas.

Tout baptisé a bénéficié d'un sauvetage. Et quand il y a sauvetage, il y a deux réalités : le fait d'être arraché au danger et, à cette occasion, la prise de conscience que quelqu'un tient à moi.

L'Église nous dit que Dieu regarde le petit enfant qui sort du baptême comme s'il venait de souffrir personnellement la Passion du Christ. « Tu es mon fils, ma fille bien-aimé(e), en toi, j'ai mis tout mon amour. »

Ceux qui ont adopté des enfants disent qu'ils ne font aucune différence entre leurs enfants biologiques et leurs enfants adoptifs. Le lien d'adoption est

VOUS ÊTES DE LA FAMILLE ?
NON, C'EST BIEN POUR CELA QUE JE PLEURE !

aussi fort que le lien biologique. Dieu me regarde comme son Fils Unique. « Tu es mon fils, moi aujourd'hui, je t'ai engendré. »

On comprend que l'on ait gardé précieusement depuis le Ve siècle la parole du pape saint Léon le Grand : « Chrétien, prends conscience de ta dignité. Puisque tu participes maintenant à la nature divine, ne dégénère pas en revenant à la déchéance de ta vie passée. Rappelle-toi à quel chef tu appartiens et de quel corps tu es membre. »

Un prêtre raconte qu'un jour où il baptisait un bébé par immersion, c'est-à-dire en le plongeant complètement dans l'eau, il avait invité tous les enfants présents à s'approcher. Or, voici qu'au moment où commence le rite du baptême, le bébé se met à crier comme seul un bébé sait le faire. Plongeant alors le bébé dans l'eau, en lui disant : « Je te baptise au nom du Père et du Fils et du Saint-Esprit », le prêtre lui fit une telle surprise qu'au sortir de l'eau il se tut et resta silencieux. Impressionnés, les enfants étaient saisis par ce silence et se demandaient ce que le père lui avait fait. Il leur a alors dit : « Il a été plongé dans la mort de Jésus et maintenant, il est re-né à la Vie. Vous pouvez applaudir car il était esclave et maintenant, c'est un fils de roi, c'est un fils de Dieu ! »

Constatant qu'il était bien vivant, malgré son silence « mystérieux », ils poussèrent des cris de joie et firent la fête à ce nouveau membre de l'Église.

Quand on va voir un nouveau-né à la maternité, il faut dire à qui il ressemble.

— Moi, je trouve qu'il a des airs de sa grand-mère.

— Moi, je trouve que c'est son père craché.

— Il a le sourire de sa tante.

— Il ressemble à son grand frère. C'est bien le même moule…

Saint Ambroise de Milan dit que pour ne pas se tromper, il faut dire qu'il ressemble à Dieu.

C'est l'image et la ressemblance de son Père des Cieux. Il est plus enfant de Dieu qu'enfant de ses parents…

Un jour, sainte Thérèse d'Ávila a eu une apparition de Jésus. Au cours de l'apparition, Jésus demande à Thérèse :

— Comment t'appelles-tu ?

— Thérèse de Jésus.

Elle lui dit à son tour :

— Et toi, comment t'appelles-tu ?

— Jésus de Thérèse.

Jésus ajoute toujours notre prénom au sien : Jésus de Pierre, Jésus de Stéphane, Jésus de Carole, etc.

Examen de passage

Un enfant a donné cette belle définition : « La confirmation est un grand rendez-vous : on dit un rendez-vous confirmé. »

À cette époque-là, avant de recevoir le sacrement de confirmation, les confirmands devaient « passer à la question ». Monseigneur l'évêque interrogeait au moins quelques-uns des candidats. Ce jour-là, on fait avancer dans le chœur un garçon de onze ans. Il semble à la fois impressionné – il y a de quoi, devant une église pleine à craquer et un évêque en grand apparat – et, malgré tout, un peu désinvolte. C'est un bon petit gars de la campagne, équilibré, simple, vaillant et droit.

Première question de Monseigneur :

— Mon enfant, comment s'appelle le péché commis par nos premiers parents et dont nous sommes marqués dès notre conception ?

Tout le monde sait qu'il s'agit du péché originel. Mais le petit a un trou de mémoire. Compatissant, Monseigneur cherche à l'aider en lui soufflant :

— C'est le péché O... O...

Et le garçon s'écrie :

— Horizontal !

Monseigneur l'évêque continue son interrogatoire :

— Comment nos premiers parents se sentaient-ils après avoir commis le péché originel ?

Il veut lui faire dire qu'ils se sentaient coupables. Mais l'enfant qui a perdu encore plus ses moyens devant l'éclat de rire général à la suite du péché « horizontal » rougit encore plus et reste silencieux. Le père évêque lui souffle :

— Ils se sentaient COU... COU...

Et l'enfant triomphant comme Archimède et son « eurêka » s'écrie :

— Couillons !

La chaussette du Saint-Esprit

Un des symboles les plus importants du Saint-Esprit est le vent. On pense tout de suite à l'événement de la Pentecôte, raconté dans les Actes des Apôtres : « Ils se trouvaient tous ensemble dans un même lieu quand, tout à coup, vint du ciel un bruit tel que celui d'un violent coup de vent qui remplit toute la maison où ils se trouvaient » (Ac 2, 1-2).

Mais ce jour-là a dû monter à l'esprit des apôtres un bon souvenir… car Jésus leur en avait déjà parlé. C'était lors de la rencontre avec Nicodème, un membre du sanhédrin, un chercheur de Dieu. Jésus lui avait dit : « Le vent souffle où il veut et tu entends sa voix, mais tu ne sais pas d'où il vient ni où il va. Ainsi en est-il de quiconque est né de l 'Esprit » (Jn 3, 8).

Le responsable d'une Communauté Nouvelle raconte : « Que l'Esprit Saint est surprenant ! Il y a quelques mois, je demandais la prière des frères et parmi les paroles reçues, je fus surpris d'entendre :

— Olivier, le Seigneur te demande d'être comme… (air gêné) une chaussette. Enfin tu sais… Le truc près des terrains d'aviation. C'est un manchon rouge et blanc, de forme conique, attaché à un mât. Le Seigneur te demande d'être vide de toi-même pour laisser le vent de l'Esprit s'engouffrer en toi… Ainsi comme modérateur, tu montreras à tes frères et sœurs d'où vient le vent de l'Esprit.

Quelle révélation ! Comme sainte Thérèse de l'Enfant-Jésus, je m'écriai :

— Ô Jésus, mon Amour… Ma vocation enfin je l'ai trouvée… dans le cœur de la Communauté, je serai chaussette ! »

Et il continue avec humour :

« Pour accomplir ma mission, je voudrais donc, en ce début d'année, vous partager ce que sent la chaussette… Bien des questions se posent que nous allons travailler. Je confie tout cela à votre prière. Si dans votre chaussette à vous, vous percevez un frémissement de brise légère ou des rafales en tempêtes, parlez-en au Seigneur… et à ses amis du Verbe de Vie […]

N.B. Depuis cette mémorable prière des frères, j'ai reçu une consolation. Un frère spécialiste d'aéronautique m'a dit avec compassion :

— Olivier, ça ne s'appelle pas une chaussette… Tu es plutôt manche… ça s'appelle une "manche à air" !

— Quelle joie ! Me voici révélé à moi-même : je suis un(e) manche qui ne manque pas d'air[1]… »

Le souffleur et l'oreillette

Quand on a l'oreillette bien branchée sur le souffleur, cela peut donner ce genre d'événement : Jean-François est aujourd'hui un jeune père de famille. Il raconte qu'à seize ans, alors qu'il fait partie d'un groupe de musique rock, qu'il est punk, il se dit : « Qu'est-ce qu'il est nul mon père, avec sa petite maison, son petit boulot, sa petite pelouse à tondre tous les samedis, sa petite femme, sa petite messe du dimanche, son petit bonheur. Je vais lui dire ce que j'en pense. Je vais lui dire que je vais me casser, après tout dans la vie il faut s'éclater, il faut vivre l'aventure… »

Effectivement, un jour dans la cuisine, d'un air narquois, d'un air libéré, il livre ses pensées à son père, qui l'écoute. Première grande surprise, il attendait qu'il lui dise :

— Eh, blanc-bec, pour qui tu te prends de parler ainsi à ton père ?

Alors il s'était préparé à crier plus fort que lui.

Deuxième grande surprise : le père ne se met pas en colère. Il lui dit :

1. Extrait de la *Lettre aux amis de la Communauté du Verbe de Vie*, n° 2, février 2007, p. 3.

— Mon fils, tu me parles sérieusement. Alors moi aussi, je vais te parler sérieusement… Tu ne comprends pas que je puisse être heureux en aimant simplement ta maman, mes enfants, mon travail. Tu me parles de musique, de drogue, moi je ne connais rien à tout ça… Mais dans ce que tu me dis, j'entends une chose : c'est que tu cherches le bonheur. Alors, mon fils, cherche le bonheur, vas-y, cherche-le jusqu'au bout, n'arrête pas ton désir.

Jean-François reste bouche bée. Sans rien dire, il monte dans sa chambre. Et là assis sur son lit, la tête entre les mains, il se dit que la mise au point grandiose qu'il avait imaginée a fait un grand « flop », comme un coup d'épée dans l'eau. Et à partir de ce moment-là, il a cherché à comprendre pourquoi son papa était heureux. Petit à petit, il s'est ouvert à l'amour infini d'un autre Père, Notre Père du Ciel. Alors, quand aujourd'hui il chante pour les jeunes, à la guitare électrique : « On n'est pas superficiels, on est des Super fils du Ciel », il sait pourquoi il est convaincant !

En pratique

Voici deux exemples où l'on peut détecter la présence du « Souffleur ». À Lourdes, le jour de Pâques au pèlerinage Foi et Lumière qui rassemble des personnes handicapées mentales et leurs familles, on attend la procession du Saint-Sacrement. Mais aucun mouvement ne se dessine. Tout le monde est fatigué. Un monsieur s'impatiente :

— Mais enfin, que se passe-t-il ?

La réponse lui vient, paisible et assurée, d'un jeune porteur d'un handicap mental :

— Ce qui se passe, monsieur, c'est que ce matin, Jésus est ressuscité. Et maintenant, nous l'attendons d'une minute à l'autre...

Une dame avait été très désagréable avec Sylvie et absolument rien ne justifiait cette agressivité. Plusieurs mois plus tard, Sylvie rencontre le beau-frère de cette dame « énervée ». Ayant été témoin de la scène, il était un peu gêné. C'était un homme en salopette bleue qui semblait apparemment un peu rustre. Il a eu cependant cette belle expression au sujet de sa belle-sœur : « À cet âge-là on perd un peu en finesse... » Cette trouvaille a fait disparaître du cœur de Sylvie tous les petits relents d'indignation qui restaient encore.

La messe

Le grain de blé

Souffrant d'une maladie psychique, certaines personnes se prennent pour un personnage célèbre ou parfois pour un objet. Un homme a ainsi dû être interné en clinique psychiatrique parce qu'il se prenait pour un grain de blé. Il vivait dans l'angoisse de finir moulu, réduit en farine, ou picoré par un gallinacé. Il était à la clinique depuis deux mois et la guérison progressait. À force d'entretiens, de groupes de parole, de traitements, il était maintenant convaincu de sa vraie personnalité.

Comme il était un patient sympathique, les infirmières, le médecin et les personnes du service ont organisé le jour de son départ un petit pot d'adieu avec les autres patients. Mains serrées, au revoir

ALLONS, ALLONS, MONSIEUR BERGEOME, SOYONS RAISONNABLES, IL EST TEMPS DE REGAGNER GENTIMENT VOTRE CHAMBRE !...
PAUVRE VIEUX, IL A VRAIMENT UN GRAIN !...
PIC
PIC
PIC

chaleureux, le patient rétabli prend son petit sac et sa valise et s'engouffre dans l'ascenseur. Au bout d'un quart d'heure, on le voit arriver en trombe, visiblement bien angoissé.

— Que se passe-t-il ? Qu'est-ce qui ne va pas ? lui demande le médecin psychiatre.

— C'est que, juste en sortant de la clinique, j'ai vu une poule.

— Eh bien, où est le problème ? Vous savez bien maintenant que vous n'êtes plus un grain de blé.

— Oui, mais la poule, elle, elle ne le sait pas !

Dans l'Évangile, il y a un certain Jésus de Nazareth qui affirme avec insistance qu'il est du pain. Il dit aussi qu'il est une vigne. À d'autres moments, il se prend pour la lumière du monde et même pour un grain de blé. « Si le grain de blé tombé en terre ne meurt pas, il reste seul, mais s'il meurt, il porte beaucoup de fruits. »

De deux choses l'une : ou bien cet homme est « dérangé », et il faut l'enfermer. Ou alors il est bel et bien ce qu'il prétend être. Et cette révélation est bouleversante. Il a un lien avec chacun aussi fort que le lien entre la vigne et le petit sarment. Sa seule présence est aussi éclairante que la lumière du soleil. Il se donne à chacun de ses disciples aussi docilement, totalement, qu'un bout de pain que l'on engloutit avec bonheur. Il s'est livré à la terre comme un grain de blé se laisse désagréger par l'humidité du sol. Il nous a aimés au point de passer pour un dérangé, au point que des gens de sa propre famille disaient : « Il a perdu le sens » ou bien : « Il est possédé »... Il nous a aimés jusque-là.

Mange-moi

Le père André Sève nous a laissé plusieurs livres, simples, pleins de sagesse et de bons conseils, que ce soit pour la prière ou pour la vie de tous les jours. Dans un de ses ouvrages, il raconte cette histoire-parabole :

Il y avait une fois trois animaux qui vivaient dans une forêt au bord du lac : Kiri l'écureuil, Zidu le renard, et Nono le lapin. Ils étaient très joyeux parce que tout était beau et ils s'entendaient bien. Si bien que Dieu voulut voir ça de plus près. Il s'approcha d'eux sous la forme d'un mendiant et il leur demanda à manger.

— Volontiers, disent-ils, car ils étaient très gentils, dans une heure vous aurez de quoi manger.

Au bout d'une heure, Kiri revient avec des noix et des noisettes ; Zidu avec un beau poisson que lui a donné Tom le pêcheur.

— Et toi ? demande Dieu à Nono.

— Lui, disent les deux autres, il n'a rien trouvé, il n'est pas débrouillard, nous l'aidons toujours pour tout.

Nono a ramassé du bois pour faire un feu. Il a dit à Kiri et à Zidu :

— Jetez-moi dans le feu.

Et il a dit à Dieu :

— Mange-moi.

Nous donnons quelque chose de notre vie à Dieu. Un peu de prière ici, un peu de charité fraternelle là. En gardant finalement la haute main sur nos heures et nos soucis. Dieu attend plus. Beaucoup plus. Que nous lui offrions tout : « Mange-moi. »

Mgr Philippe Barbarin venait d'être nommé archevêque de Lyon. On lui demande :

— Pouvez-vous nous dire en quoi le Christ a changé radicalement votre vie ?

— Disons plutôt qu'il m'appelle à la changer. Ma conversion est toujours devant moi. Depuis longtemps, ce qui me stimule dans cette direction, c'est cette parole dite au cœur de l'Eucharistie : « Ceci est mon corps livré pour vous. » Il me semble que je dois répondre au Christ de la même façon : « Merci, Seigneur, voici mon corps et toute ma vie, livrés pour toi. » Il a tout donné et nous, ses disciples, nous devons agir de même : tout donner pour Lui, pour les hommes qu'Il nous envoie servir, pour la gloire du Père. Quel combat ! Chaque matin, on offre tout, mais le soir on s'aperçoit du décalage entre les promesses et la réalité. »

Tu l'as bien cherché

Il y a quelques années, un prêtre célébrait l'eucharistie dans une maison de personnes âgées. L'une d'elles à qui il donnait la communion lui dit :

— Merci beaucoup, monsieur, c'est gentil de nous donner ce biscuit ; et vous en donnez à tous : c'est très gentil…

Tout en disant cela, elle s'apprêtait à mettre l'hostie dans son sac. Visiblement, ils n'étaient pas sur la même longueur d'onde. Ce prêtre dit que cet incident l'a fait réfléchir ; non sur l'attitude de la dame, mais sur la sienne et sa façon de la vivre. Au début de son ministère, il aurait probablement été fort mal à l'aise, y voyant je ne sais quel crime de « lèse-majesté » ou, pire, de « lèse-divinité ». Vingt-cinq ans plus tard, il a pu garder le sourire et intérieurement il croit même avoir dit au Seigneur – qu'Il lui pardonne : « Tu l'as bien cherché ! »

Dieu s'est exposé. Il s'est rendu vulnérable. Vulnérable aussi est le pain eucharistique conservé en mémoire de Lui. Mais vulnérabilité pour quelles merveilleuses et secrètes fécondités ! Le détenu qui, dans sa cellule d'isolement, demande la communion : le priant – laïc ou religieux – qui au plus aride de sa prière ne peut que durer en tentant d'être présent au signe de la Présence ; cette femme un peu « mal fagotée » qui s'est engouffrée dans une église parce que là, elle a moins froid au cœur.

Le chrétien se réjouit de cette proximité incroyable de Dieu, mais il sait gré aussi à d'autres religions comme le judaïsme et l'islam de rappeler que ce Dieu qui consent à la plus grande proximité est aussi l'Au-delà de tout.

À Noël, les chrétiens célèbrent le Fils de Dieu qui entre dans l'histoire. Mesurent-ils le risque qu'il a pris ce jour-là ? Cela a commencé dès la naissance, où Jésus a échappé de peu au glaive d'Hérode, et jusqu'à la croix où, cette fois, la lance ne l'a pas manqué. Entre ces deux événements, que de paroles mal comprises, de signes mal interprétés. Une existence « exposée », au sens le plus fort de ce terme : livrée sans défense entre les mains des hommes qu'il a voulu rejoindre.

À l'aube du christianisme déjà, les chrétiens ont senti le besoin de conserver du pain eucharistique pour les malades qui n'avaient pas pu participer au repas du Seigneur. Puis ils ont pris du temps pour honorer le signe de ce mémorial. N'était-ce pas risqué ? Assurément : on allait rencontrer le piège de la chosification, du regard magique… Comme Jésus a été « exposé », le pain eucharistique l'est tout autant. C'est comme cela que j'entends désormais cette expression du langage catholique : « exposition du saint sacrement ». Il n'y a pas de présence incarnée dans le monde des hommes qui ne soit présence exposée.

Une jeune convertie, avec la fougue et la foi des néophytes, a dit : « Si un jour je suis vieille, je voudrais être gâteuse… pour mieux ressembler à Jésus-Hostie. » En effet, une personne âgée qui perd complètement la mémoire est entièrement dépendante des autres, elle est à la merci de son entourage ; elle ne peut ni se défendre, ni réclamer. Elle voulait dire par là le réalisme de la communion. Jésus Dieu s'est livré entièrement entre nos mains. Il est à la merci de notre respect, ou de notre désinvolture, de notre adoration ou de nos moqueries, de notre vénération ou de notre indifférence.

Mémoire

Quelqu'un disait avec malice : « Quand j'étais au collège et au lycée, j'avais toujours trois prix d'excellence : le premier prix de mémoire, le premier prix en français, et j'avais toujours le premier prix en… Eh bien, je ne me rappelle pas ! »

Il y a mémoire et mémoire. Celle qui fait que l'on retient des comptines, des poèmes, des tables de multiplication. Il paraît qu'elle est comme un muscle qu'il faut entraîner. Il y a aussi la mémoire déclenchée à l'improviste par une odeur, un son, un fait. Dans une célèbre page d'*À la recherche du temps perdu*, Marcel Proust raconte le « plaisir délicieux » qui le rendit indifférent aux vicissitudes de son existence – un jour, et pour un instant – du seul fait d'avoir plongé un morceau de madeleine dans sa tasse de thé. Ce geste-là, il ne l'avait plus refait depuis des années. Et voici que l'odeur, la saveur retrouvées lui évoquaient instantanément les petits déjeuners d'autrefois, à Combray, chez sa tante Léonie. Des moments ensommeillés ou enfouis dans les profondeurs remontaient palpiter vers sa claire conscience, « comme des âmes sur l'édifice immense du souvenir ».

Il peut en être d'une chanson comme de la madeleine de Proust. À la disposition commune, elle évoque soudain pour l'un ou l'autre une circonstance singulière. Mieux, elle la lui fait revivre : sa vérité n'est pas tant dans les paroles ou la musique, même banales, que dans la manière qu'a eue cette personne de l'entendre, un jour, au hasard d'une émission radio ou d'une rencontre. Quelques notes, à peine quelques bribes, et l'atmosphère se recrée.

Il y a aussi une mémoire qui permet de traverser des siècles et des siècles, et même toutes les apparences de ce monde, pour être réellement en communion avec Celui qui a dit : « Vous ferez cela en mémoire de moi. »

Benoît est trisomique. Son papa, sa maman, toute une équipe de parents l'avaient préparé à sa première communion. On lui pose la question :

— Benoît, qu'est-ce que tu voudrais pour ta première communion ?

L'enfant qui est pourtant toujours souriant s'assombrit comme pour marquer son étonnement. Et il répond :

— Mais, je veux Jésus !

La confession : ringard ou branché ?

Le prêtre et l'ingénieur des mines

Un prêtre avait un jour une conversation très animée avec un ingénieur qui travaillait à l'exploitation d'une mine de charbon. Cet homme, baptisé mais qui avait pris ses distances avec son éducation catholique, objectait que la religion chrétienne avait des côtés trop faciles :

— Vous commettez le mal, vous blessez des personnes et puis vous allez vous confesser et hop, vous êtes pardonné ! C'est trop facile. Vous faites souffrir les autres et il suffit que vous entriez au confessionnal pour tourner la page ! C'est trop simple.

Le prêtre lui fait d'abord remarquer que le pardon de Dieu, dans le sacrement de confession, ne se réduit pas à l'absolution. C'est une démarche qui comporte quatre volets : le regret, l'aveu, l'absolution, et aussi la réparation. C'est un vrai « travail » qui demande des efforts.

— N'empêche, disait cet homme, la réparation est souvent sans proportion avec les dommages causés. Comment voulez-vous « réparer » un meurtre, mais même une médisance ou une calomnie, une infidélité ou une colère ? C'est trop facile d'être blanchi.

Le prêtre a soudain une idée. Il demande à cet homme dont le métier est de créer des techniques pour améliorer le rendement et la sécurité combien il met de temps pour descendre au fond de la mine. L'ingénieur répond :

— L'ascenseur met très exactement cinquante-huit secondes.

— Et combien de temps mettez-vous pour remonter ?

— Un tout petit peu plus : une minute et deux secondes.

Le prêtre lui pose alors la question :

— Et combien de temps a-t-il fallu pour construire l'ascenseur ? Combien d'énergie a-t-elle été nécessaire pour creuser le puits, étayer les parois, fixer les supports métalliques, installer les câbles électriques, construire la cabine, les rails, les poulies, etc. ?

— C'est chaque fois une somme de travail titanesque.

— Eh bien, poursuit le prêtre, il en est de même pour le pardon. Pour nous, il est très simple de le recevoir mais du côté de Dieu, cela a représenté un Amour extraordinaire. Dieu le Fils est venu sur la terre. Il a pris sur lui toutes les difficultés de notre vie humaine, ses épreuves et ses tentations. Pour nous obtenir la grâce du Pardon, pour renouer l'Alliance avec le Père, pour nous réintroduire dans l'amitié divine, Il a subi la Passion avec les horreurs de la trahison, de l'abandon, de la lâcheté, des insultes, des moqueries, du mépris, des tortures physiques et morales…

Recevoir le pardon aujourd'hui, c'est aussi simple que de prendre l'ascenseur. Il suffit de le vouloir. C'est aussi surtout prendre conscience de l'immense amour à notre disposition. Le pardon n'est pas d'abord au bout d'une espèce de parcours du combattant qui serait très méritoire, mais il s'agit de notre cœur qui désarme, qui se « liquéfie » en prenant conscience de l'amour dont nous sommes aimés…

De même, lorsqu'on prononce le Notre Père, on ne sait pas toujours ce que représentent ces deux mots. Nous appelons Dieu « Père » souvent trop machinalement. Or saint Jean, dans son Évangile, a bien mis en valeur le privilège inouï d'appeler Dieu « Père ». Pour que nous puissions dire « Père » à Dieu, il a fallu que Jésus y mette le prix. Durant tout son Évangile, il est question du Père et du Fils sans arrêt. Cependant c'est seulement après la Passion et la Résurrection que nous trouvons l'expression « Notre Père ». Jésus ressuscité dit à Marie Madeleine : « Ne me touche pas, va plutôt trouver mes frères et dis-leur que je monte vers mon Père et votre Père, vers mon Dieu et votre Dieu. »

Manquer la cible

Dans un pub anglais, quatre compagnons boivent du whisky depuis quelques heures. Malgré leur bonne résistance à l'alcool, ils commencent à ressentir les effets à la fois anesthésiants et euphorisants de la boisson nationale. Qui a lu *Astérix chez les Bretons* sait que tous les pubs anglais ont un jeu de fléchettes ! Trois des quatre buveurs invétérés se lancent un défi : lequel des trois est encore capable d'atteindre une cible ? Ils installent le plus éteint d'entre eux contre le mur, sur une chaise ; ils le calent entre deux tables et lui mettent une pomme sur la tête. Le premier concurrent saisit une fléchette, recule de cinq mètres, prend le temps de viser et tire. La fléchette vient se planter en plein dans la pomme… On l'applaudit. Il dit alors :

— Je suis… Guillaume Tell.

Le deuxième concurrent, en titubant, retire la fléchette de la pomme. Il recule de six mètres, vise longuement et se décide à tirer dans un silence angoissant. La fléchette se plante… dans la pomme. Il dit alors, empli de fierté :

— Je suis… Robin des Bois.

Le troisième se lève alors de sa chaise, attend qu'on lui remette la fléchette et se campe à six mètres de la cible. Va-t-il faire aussi bien que les deux autres ? Après avoir bien visé et changé plusieurs fois de position, alors qu'on entendrait une mouche voler, il tire. La flèche se plante en plein milieu du front de leur copain. Il dit alors :

— Je suis… désolé !

Savez-vous que le mot hébreu que l'on traduit par le verbe « pécher » signifie « manquer la cible » ? La racine du péché est un détournement du désir qui n'en valait pas la peine. Pécher, c'est donner à son désir une satisfaction étriquée, alors qu'il y aurait eu d'autres solutions plus belles, pour moi et pour les autres. Si j'accepte de vouloir que mon désir soit à nouveau orienté vers Dieu, alors il n'y aura plus d'obstacle pour que Dieu se donne à moi et moi à Dieu.

Une corde lancée à ma misère

La catéchiste :

— Que faut-il faire pour être pardonné ?

Un enfant :

— D'abord, il faut pécher.

Un homme va se confesser.

— Mon père, je m'accuse d'avoir volé une corde.

— Était-elle longue, cette corde ?

— Non, pas tellement… Je pense qu'elle devait faire deux mètres.

Le prêtre ne comprend pas bien l'intérêt de se rendre voleur pour une si petite corde…

ET VOUS, VOUS FAITES TOUTE UNE HISTOIRE POUR CETTE CORDE ?
MÊME SI VOUS L'AVEZ VOLÉE...
Y AURAIT-IL PIS ?...
EN QUELQUE SORTE...
?

— Alors, elle n'était pas très longue… Elle était grosse ?

— Non, c'était une corde normale, vous savez comme pour lier les chars de foin.

— Elle était si précieuse que ça pour vous ?

— …

— Aviez-vous d'autres péchés à confesser ?

— Eh bien, j'ai volé une corde.

— Oui, mais vous l'avez déjà dit.

— C'est-à-dire, père, au bout de la corde… il y avait une vache.

La miséricorde de Dieu, n'est-ce pas justement une corde lancée à notre misère ?

L'art et la manière de se confesser

On raconte que deux frères célibataires, tenant une petite ferme dans un hameau isolé à six kilomètres du bourg d'Yssingeaux, étaient descendus se confesser le samedi saint pour pouvoir faire leurs Pâques. Quand les deux eurent passé au confessionnal, ils repartirent comme ils étaient venus, à pied. Plutôt taciturnes, ils marchèrent trois kilomètres en silence. Mais soudain, Pierre dit à son frère cadet, Jacques :

— En arrivant, il nous faudra atteler les deux bœufs…

— Pourquoi ? On ne va pas faire travailler les bêtes une veille de Pâques !

— Parce que je l'ai promis à monsieur le curé. Je lui ai dit pour le sapin qu'on a coupé dans le bois du voisin. Il m'a demandé s'il était gros. J'ai ouvert mes bras pour lui montrer qu'il mesurait bien soixante centimètres de diamètre. Il m'a dit : « Oh, mais c'était un bon arbre. Je ne peux pas vous donner l'absolution si vous ne me promettez pas de le rendre… » J'ai promis !

— …

— Mais si tu t'étonnes qu'il faille rendre l'arbre, c'est que tu ne t'es pas confessé ?

— Bien sûr que si !

— Mais ce péché, tu ne l'as pas avoué !

— Mais si, je l'ai avoué. À la fin de ma confession, je lui ai dit : « J'en ai bien un autre ; j'ai volé un arbre. » Il m'a posé la même question qu'à toi. Et alors qu'il regardait à travers la grille du confessionnal, j'ai fait voir un petit rond avec mon pouce et mon index. Il m'a dit : « Oh, mais c'était un tout petit arbre. Ce n'est pas un péché qui vaille la peine d'être confessé… » Tu comprends, Pierre, moi, je l'ai fait passer par la pointe !

Il est facile de présenter la réalité sous un jour favorable. La confession en appelle à la sincérité.

Marcel Pagnol, théologien de la confession

Marcel Pagnol a merveilleusement compris que la miséricorde de Dieu ne se disait pas mieux que dans le sacrement de la réconciliation[1]. Parcourons les paroles de son personnage, le curé de Cucugnan. Une seule recommandation avant la lecture : lisez ou plutôt buvez ces paroles « avé l'accent » :

« Mon Dieu, je sais bien que la nature humaine est assez naturellement portée vers le mal, et que le diable, chaque soir, va poser ses collets à la porte des granges ou à la sortie du café, et sous la fenêtre des filles. Je

1. *Les Sermons de Marcel Pagnol*, éd. Robert Morel, Forcalquier, 1967.

sais aussi que vous n'êtes pas une race spécialement criminelle et qu'il y a dans le monde bien des paroisses qui vivent beaucoup plus mal que nous. Mais ce qui fait de Cucugnan une pépinière de damnés, c'est que vous ne venez plus à la confession [...] Pour vous, qui avez encore une chance d'obtenir le pardon de la miséricorde divine, ne soyez pas assez stupides pour refuser ce grandiose privilège que nous devons au Sacrifice de Notre-Seigneur Jésus-Christ. »

Continuons la lecture du grand théologien qu'est le curé de Cucugnan. Il prend en compte les objections classiques :

« Puisque la confession efface tout, ce n'est pas la peine de se confesser tout le temps, et la dernière est suffisante ! »

Le curé a beau jeu de répondre que c'est souvent trop tard :

« Même si vous avez l'intention de m'appeler à la première alerte sérieuse, est-ce que vous êtes bien sûr qu'à ce moment-là vous ne serez pas déjà à moitié gaga ? J'en ai confessé beaucoup de ces pauvres absents. Ils s'accusent de n'importe quoi, comme d'avoir mis le feu à l'église, ou d'avoir pensé du mal du président de la République, ce qui est peut-être une erreur, mais sûrement pas un péché... [...] N'attendez pas d'en être là, car le seul repentir sincère et valable, c'est celui des gens en bonne santé. »

Autre difficulté :

— Pourquoi avez-vous peur de vous confesser ? demande le curé de Cucugnan.

« Il y en a beaucoup que c'est par vanité. Ils ont peur d'avouer à un autre homme toutes les fautes qu'ils ont commises, et ils s'imaginent que je vais prendre des notes dans ma tête, et que si je les rencontre dans la rue, je vais les regarder d'un air malicieux, en pensant à leur confession. Mais, mes pauvres enfants, si un prêtre gardait dans sa mémoire tous les péchés qu'on lui confie, il lui pousserait une tête comme une coucourde, il semblerait un bilboquet et, en plus, il deviendrait fou ! En réalité, ce n'est pas moi qui vous écoute, moi, ça rentre par une oreille, ça sort par l'autre pour aller jusqu'aux pieds du Bon Dieu. Alors, il juge votre repentir et il m'inspire la pénitence que je dois vous infliger ! »

Il y a deux dernières raisons qui rendent urgente et même agréable la confession :

« Il y a encore quelqu'un d'autre qui entend votre confession : c'est vous-même et c'est ça le plus important ! Le mal qu'on fait, sans trop s'en apercevoir… On évite d'y penser en le faisant… Mais quand il faut le dire à Dieu, on l'apprend soi-même comme une assez triste nouvelle : et quand on est sur le point de recommencer, ça vous met un peu mal à l'aise, on n'y va pas d'aussi bon cœur. » Enfin, « si vous saviez comme on est bien, comme on est calme après une bonne confession ! Moi, j'y vais le lundi, chez M. le curé de Graveson. Eh bien ! Mes amis, quand je reviens le soir à pied sur cette belle route, avec le soleil couchant juste en face, je suis joyeux comme un becfigue […] C'est le premier bienfait de la confession ».

Et de raconter la confession d'un agonisant, tout heureux de recevoir le pardon. Voyant son sourire, « le premier peut-être depuis son berceau », le curé de Cucugnan eut envie de lui dire : « Espèce d'imbécile agonisant ! Alors, tu as passé trente ans de misère, avec ce paquet de fumier pendu à l'artère du cœur, quand tu n'avais qu'à venir le déposer sans dire ton nom, dans notre petit confessionnal, derrière ce mauvais rideau qui est bien plus épais que la Muraille de Chine ?

— La Muraille de Chine, c'est un mur tellement large qu'ils ont fait une route dessus !

— Toute ta vie, tu as gardé cette mauvaise action bien renfermée, comme un pet sous un drap de lit, qui vous empêche de bouger de peur de mourir asphyxié ? Vaï, tu t'es bien puni toi-même, et le Bon Dieu n'aurait pas été aussi cruel que toi… »

Devenir prêtre : oui, c'est possible !

La « coïncidence des contraires »

Le peuple de Dieu attend du prêtre qu'il vive exemplairement la « coïncidence des contraires » qui fait l'homme semblable à Dieu. Il n'y a aucune raison pour qu'il ne s'y efforce pas aujourd'hui comme autrefois. C'est du Moyen Âge que date ce manuscrit trouvé à Strasbourg :

> Un prêtre doit être
> À la fois grand et petit
> Noble d'esprit, comme de sang royal,
> Simple et naturel, comme de souche paysanne,
> Un héros dans la conquête de soi
> Un homme qui s'est battu avec Dieu
> Une source de sanctification,
> Un pécheur que Dieu a pardonné
> De ses désirs de maître,
> Un serviteur pour les timides et les faibles
> Qui ne s'abaisse pas devant les puissants
> Mais se courbe devant les pauvres,
> Disciple de son Seigneur,
> Chef de son troupeau,
> Un mendiant aux mains largement ouvertes,

Un porteur de dons innombrables,
Un homme sur le champ de bataille,
Une mère pour réconforter les malades,
Avec la sagesse de l'âge
Et la confiance d'un enfant
Tendu vers le haut,
Les pieds sur terre,
Fait pour la joie,
Connaissant la souffrance ;
Loin de toute envie,
Clairvoyant
Parlant avec franchise,
Un ami de la paix,
Un ennemi de l'inertie,
Constant à jamais…

Les dix commandements du prêtre

Ce texte a été rédigé par Mgr Klaus Hemmerle, évêque d'Aix-la-Chapelle, et le professeur Wilhelm Bleuning de l'université de Bonn, au cours d'une journée d'études de la Conférence épiscopale allemande.

1. Ce que, comme prêtre, je vis est plus important que ce que je fais.
2. Ce que le Christ fait par mon intermédiaire est plus important que ce que moi je fais.
3. Ce que je vis en unité avec les autres prêtres est plus important que ce que je fais tout seul en me lançant à corps perdu dans le ministère.
4. Ce que je vis au service de la prière et de la Parole est plus important que le service des tables (l'organisation des activités [N.d.l.R.]).
5. Ce que je vis au service de la vie spirituelle de mes collaborateurs est plus important que de faire tout seul le plus grand nombre possible d'activités.

6. La vie qui se propage par ma présence dans des secteurs peu nombreux mais essentiels est plus importante qu'une présence partout, en hâte et à moitié.

7. Agir en unité avec mes collaborateurs est plus important qu'agir seul, si capable que je me considère ; c'est-à-dire, la communion est plus importante que l'action.

8. La croix, parce qu'elle est féconde, est plus importante que les résultats apparents, qui sont le fruit des capacités et des efforts humains.

9. Avoir une âme ouverte sur tout (communauté, diocèse, Église universelle) est plus important que de se fixer sur des intérêts particuliers, si essentiels qu'ils puissent m'apparaître.

10. Témoigner de la foi devant tous est bien plus important que de satisfaire toutes les prétentions habituelles.

Le mariage, une aventure à deux + Un

Une bénédiction

Pour résumer les difficultés du mariage dans notre société, quelqu'un dit avec humour : « On se veut, on s'enlace. On se lasse, on s'en veut. » Souhaitons que les époux chrétiens qui ont reçu le sacrement de mariage se rappellent que ce qu'ils conjuguent, ce n'est pas que de la vie naturelle mais de la vie surnaturelle, de la vie de Dieu qui leur a été donnée au jour de leur baptême.

Un très vieux monsieur est assis dans son fauteuil dans son salon. Il est aux dernières semaines de sa vie. Sa petite femme est assise à côté de lui. Elle a quelques années de moins ; elle est un peu plus valide, mais semble très fragile. Elle est pleine d'attentions pour son Claude. Il sort de sa torpeur et dit :

— Dis-moi, Paulette, je réfléchissais. Quand j'ai eu mon accident de vélo qui m'a laissé le bras handicapé… Tu étais là ?

— Ben oui, nous étions juste fiancés. Tu roulais devant moi à cent mètres. J'ai vu arriver la voiture, mais je n'ai rien pu faire…

— Et quand j'ai eu cette indigestion terrible chez nos amis…

— Mais bien sûr, chéri. On avait dix ans de mariage. Je n'allais pas te laisser y aller seul !

— Et dis-moi : quand je suis tombé de l'échafaudage alors que je repeignais l'avant-toit…

— Je m'en souviens comme si c'était hier. J'ai eu la peur de ma vie quand j'ai entendu le bruit depuis la cuisine… Mais pourquoi évoques-tu tous ces mauvais souvenirs ? Pense à autre chose. Ce n'est pas le moment de rappeler ces épreuves.

— Et dis-moi : quand ma mère est morte, tu étais là ?

— Oui, nous savions qu'elle n'allait pas bien, nous sommes allés la voir. Nous l'avons vue s'affaiblir en quelques heures et dans l'après-midi, elle a rendu le dernier soupir alors que nous nous apprêtions à rappeler le médecin.

— Et lorsque j'ai eu mon infarctus ?

— Bien sûr que j'étais là. J'ai juste eu le temps d'appeler le Samu. Le docteur a dit que tu avais échappé de peu au rendez-vous de tous les vivants…

Les questions s'arrêtent. Un petit silence, et il dit à sa petite femme :

— Tu vois, Paulette, je crois que tu me portes la poisse.

LORSQUE J'AI EU CET ACCIDENT DE VÉLO, TU ÉTAIS LÀ ?
OUI, MON CHÉRI
ET LORSQUE J'AI EU CETTE INDIGESTION TERRIBLE ?...
OUI, MON CHÉRI
ET QUAND JE SUIS TOMBÉ DE L'ÉCHAFFAUDAGE ? ...
OUI, MON CHÉRI
ET QUAND MA MÈRE EST MORTE ?..
OUI, MON CHÉRI
ET QUAND J'AI EU MON INFARCTUS ? ...
MAIS OUI, MON CHÉRI
PAULETTE, JE CROIS QUE TU ME PORTES LA POISSE !
GUÉZON

Le mariage, ce n'est pas avoir reçu un porte-bonheur, ni avoir contracté une assurance tous risques. C'est être devenu une bénédiction vivante pour l'autre, et avec lui, pour les autres.

Une harmonie

« L'homme quittera son père et sa mère. Il s'attachera à sa femme et tous deux ne feront plus qu'un. » Le bonheur, c'est l'unité.

Qu'est-ce que l'unité ? Ce n'est pas l'uniformité : mêmes vêtements, même façon de parler, même façon de penser, mêmes idées. Un plaisantin disait : « Une seule chair, d'accord, mais chacun dans sa peau. » L'unité ne gomme pas les différences, au contraire ! Un autre disait avec un brin de provocation : « On est marié pour toujours mais pas pour tout le temps », voulant dire par là que chacun peut avoir des activités sportives ou des hobbys différents de l'autre. L'unité, ce n'est pas non plus la fusion.

Un humoriste disait : « Le jour de leur mariage, les deux sont devenus un. Mais lequel ? »

Une amie malicieuse dit parfois à son mari : « J'aimerais bien que de temps en temps, on fasse un peu moi ! »

Ce n'est pas l'absorption de l'un par l'autre !

Au cours d'un entretien en conseil conjugal, un conjoint a fait un jeu de mots involontaire mais révélateur. Amère, cette personne disait à l'autre : « Mais j'ai tout fait pour toi ! » Elle avait fait le maximum et en même temps, elle étouffait.

L'unité, ce n'est pas non plus la cacophonie. On a dit, pour le regretter, que parfois une famille, cela pourrait se définir comme « l'ensemble des personnes qui utilisent le même frigo ». Sous-entendu : la mère de famille remplit le réfrigérateur et il n'y a plus de repas : chacun vient se servir de ce qu'il veut quand il en a envie... Or, on sait bien que les repas, c'est plus que nourrir les corps. Ce sont des moments de communion. En fait, l'unité, c'est l'harmonie. Et ceux qui font partie d'un orchestre ou d'une chorale vous diront qu'une harmonie est toujours à chercher.

Mgr Rouet, archevêque de Poitiers, a ces phrases merveilleuses au sujet du mariage : « Le mariage est une prophétie. C'est vivre à deux ce que Dieu voudrait que l'humanité vive dans son entier : une humanité "communionnelle", réconciliée, où les différences soient respectées comme source d'entente, d'enrichissement et non comme hostilité ou concurrence. Quand un homme et une femme s'aiment, leur amour a un sens pour l'humanité tout entière. »

Brûler ses vaisseaux

Le cardinal François Marty a été archevêque de Paris juste avant le cardinal Lustiger. Il avait gardé son accent rocailleux de l'Aveyron et son allure de brave paysan plein de bon sens. À cette époque-là, il n'était pas rare que les cardinaux soient invités à des émissions télévisées. Lui ne savait pas passer quelque part sans serrer des mains. Ce soir-là, il allait quitter un plateau de télévision et il disait bonsoir, hors caméra, aux techniciens, preneurs de son, cameramen, perchistes, scripts, journalistes, etc. Ces personnes, impressionnées par la stature du cardinal, se présentaient ainsi : « J'ai une tante religieuse », « Je connais un prêtre de l'Aveyron », « J'ai un cousin missionnaire en Chine », « J'ai un oncle prêtre »... Et voilà qu'un technicien un peu provocateur lui dit : « Moi je ne suis pas baptisé et je vis à la colle... » C'est-à-dire, en concubinage. Le cardinal, en souriant, lui rétorque : « Vous vivez à la colle... faites-en sorte qu'elle tienne bien. »

Si nous sommes pour le sacrement de mariage, ce n'est pas d'abord pour le respect d'un rite ou de la loi de Dieu. Mais pour le bonheur des familles. Un couple uni, cela rayonne. Un couple qui se sépare, cela fait des dégâts collatéraux, auprès des enfants, des belles-familles, et même des amis communs au couple, des collègues, etc. Et finalement, c'est toute la société qui en pâtit : le travail des enseignants et des catéchistes, par exemple, n'est pas facilité.

La solution est de faire comme Guillaume le Conquérant. Quand il a débarqué en Angleterre pour l'envahir, une fois que ses hommes ont été sur les plages, il a fait brûler ses vaisseaux. Ils savaient qu'ils ne pouvaient plus revenir en arrière. Ils devaient aller de l'avant.

C'est la même chose dans un couple... Un couple âgé fêtait ses noces de platine. Un journaliste, envoyé pour couvrir l'événement, s'évertuait à se faire entendre du vieillard. « Soixante-dix ans, c'est long ! lui cria-t-il dans l'oreille. La pensée du divorce ne vous est jamais venue ? » L'homme réfléchit un instant. « Le divorce ? Non, je ne crois pas. Mais le meurtre, oui, plusieurs fois. » N'empêche qu'on a le droit d'être irrité par l'autre, agacé, en colère, avoir envie de le passer par la fenêtre. L'essentiel est qu'on sache qu'on peut trouver les moyens de dépasser la crise.

Le philosophe français Descartes a une belle image pour expliquer que le doute ne nuit pas à l'action et qu'il en est même le moteur. Qui veut tout maîtriser se trompe.

Imaginons des voyageurs perdus en pleine forêt. Que vont-ils faire ? Ils décident de partir dans une direction. Ils marchent tout droit pendant deux heures, puis ils se rendent compte qu'ils ne sont pas encore sortis de la forêt. Ils opèrent donc un quart de tour sur la droite et ils se remettent à marcher...

Au bout d'une heure ou deux, ils n'ont toujours pas trouvé de sortie. Ils tournent alors à 90 degrés sur la droite et ils continuent la progression. Deux heures plus tard, toujours aussi perdus, ils referont la même opération...

Et c'est ainsi que ces voyageurs continueront de tourner en rond. Voilà ce qui arrive à ceux qui remettent en cause sans arrêt leur décision. Si ces voyageurs avaient continué tout droit sans dévier de leur première décision, ils seraient, tôt ou tard, sortis de la forêt. De fait le couple humain ne repose que sur un seul socle : non pas l'intensité du sentiment amoureux, non pas le plaisir continuel d'être ensemble mais la volonté de durer.

C'est la volonté de durer qui fait trouver les moyens de s'aimer de mieux en mieux.

Le sacrement de mariage, comment ça marche ?

Quand la société n'aide plus tellement à tenir son engagement, parce qu'elle promeut comme une libération l'infidélité, l'amour zapping, le divorce, comme dit un ami prêtre : « Il faut déclencher le plan Jésus-Christ. » Jésus est indispensable parce que l'amour a besoin d'être sauvé. Jésus est le sauveur de l'amour.

Le sacrement de mariage ne va pas sans l'apprentissage en permanence de la communication. Écouter l'autre n'est pas évident. Les statistiques disent que nous écoutons en moyenne seulement dix-sept secondes avant de dire : « C'est comme moi… » ou « Ma belle-sœur a eu la même chose » ou « Tiens, ils ont parlé d'un cas semblable à la télévision »…

Puis, il y a l'interprétation qui empoisonne tout. Mesdames, que se passe-t-il en vous quand vous découvrez que votre chéri a écrit sur la poussière du buffet « Je t'aime » ? Il voulait vous faire une belle surprise et vous pensez qu'il vous fait remarquer que la poussière n'est pas faite…

Communiquer, c'est aussi parler et pour cela éviter la communication « klaxon » (tu tu tu… ; le « tu » tue), s'efforcer de mettre un mot sur ses émotions et commencer par « je », bannir de ses phrases « toujours » et « jamais » (« C'est toujours toi qui as raison », « C'est jamais toi qui fais la vaisselle », « C'est toujours moi qui descends la poubelle »…).

Quand les couples font régulièrement des haltes sous le regard du Christ, ils trouvent forcément l'ingéniosité pour plus de tendresse, plus de délicatesse.

J'étais vicaire et aumônier d'un collège. Un mois avant Pâques, avec Marie-Claire, une jeune maman catéchiste, nous passons dans les classes de troisième pour leur annoncer le prochain temps fort de catéchèse sur le pardon. Je leur dis en souriant : « On vous propose ce thème parce que si un jour vous vous mariez, vous aurez à pardonner à l'autre au moins une fois par semaine. » Une semaine plus tard, Marie-Claire me dit : « Ce dimanche, nous avons reçu mes beaux-parents. J'ai raconté à ma belle-mère ce que vous aviez dit aux troisièmes. Elle m'a dit :

“On voit bien qu’il n’est pas marié. C’est sept fois par jour qu’il faut pardonner : les chaussettes qui traînent, le plat mal lavé, la remarque agressive, la voiture encore rayée, les courses oubliées, le beurre pas rangé à sa place dans le réfrigérateur, la lampe de la cave laissée allumée…” » Quand les époux vont puiser du pardon dans le sacrement de confession, cela change beaucoup de choses…

Jésus nous sauve en nous élevant au-dessus de nous-mêmes !

L’amour au confluent de cinq désirs

La nouvelle animatrice de colonie de vacances s’étonne auprès du directeur qui accueille des jeunes d’une quinzaine d’années.

— Pourquoi grouper d’un côté les garçons et de l’autre les filles, sur deux îles éloignées d’une trentaine de mètres ?

— Croyez-en ma vieille expérience, répond-il, avec ce système, à la fin des vacances, ils sauront tous nager.

Jeunes, l’amour vous donnera le plus de joie si vous le réussissez, le plus de souffrances si vous le ratez.

Le cœur souffre en effet facilement. Et quand il souffre, il se racornit. Quel est le bon chemin pour faire des cœurs larges et des personnalités épanouies ?

L’amour est une réalité merveilleuse au confluent de cinq grands désirs :

– Le désir physique : attrait inscrit dans le corps depuis la tétée du bébé jusqu'à la caresse du mourant.

– Le désir de tendresse : qui n'en a pas besoin ? N'est-ce pas ce qui a fait le succès d'un certain Bourvil, par exemple ?

– Le désir d'exister : d'être reconnu, d'être choisi, élu, de compter pour quelqu'un.

– Le désir de communiquer : nous sommes faits pour la rencontre. Nous n'existons pleinement que dans l'échange avec les autres.

– Le désir de donner la vie, et pas seulement la vie biologique.

Ces désirs sont bons, ils viennent de Dieu. Mais privilégier un seul de ces rêves (en général le premier), c'est vivre un amour émietté, au rabais. Un véritable amour s'efforce d'unifier ces cinq attentes, il se construit en canalisant ces désirs sous le regard du Seigneur qui est tendresse et lumière. Il est nécessaire d'apprivoiser ses désirs en mettant de l'ordre dans les priorités. Contrairement à ce que l'on nous suggère à longueur de revues, de films ou de pubs, le plus important ne se vit pas par la ceinture. Ce n'est pas le canal essentiel de l'amour.

Le nec plus ultra de notre univers, le meilleur de ce qui existe, c'est l'amour d'amitié, que cet amour d'amitié soit dit conjugal, fraternel, filial, paternel, etc.

Par l'amour d'amitié, je veux pour l'autre tout le bien que je veux pour moi-même. C'est une démarche volontaire, active, réfléchie. Et l'amitié devient la plus parfaite lorsque je veux tout le bien possible : j'aime alors l'autre en Dieu. Je vis pour sa promotion dans la joie et la lumière. Je veux tout faire pour qu'il soit bien.

L'amour ne fleurit qu'en altitude et l'amitié est le meilleur de ce qui existe.

Les femmes viennent de Vénus
et les hommes de Mars

Nicole Fabre est pasteur protestante. Sa particularité, c'est d'être mariée à un catholique. Un jour, un jeune lui demande :

— Est-ce que ce n'est pas trop difficile d'être mariée à un catholique ?

— Non, ce qui est difficile, c'est d'être mariée... avec un homme.

Elle veut dire par là qu'il existe une différence plus grande que la différence protestant et catholique. C'est la différence entre la planète masculine et la planète féminine.

L'Américain John Gray dit qu'un couple a échappé au divorce le jour où il s'est rendu compte qu'un homme et une femme, ce n'est pas pareil... Tout le monde le sait au niveau physiologique, mais la plupart oublient que c'est encore plus vrai au niveau psychologique. De son livre au titre significatif, *Les femmes viennent de Vénus, les hommes de Mars*, j'ai retenu une observation très pertinente qu'il présente en catégories arithmétiques.

Aux yeux de l'épouse, chaque fois que son mari a une attention à son égard, il marque un point. Pour gagner un point, il n'a pas besoin de faire de grandes choses, mais pour elle c'est très important de pouvoir donner un point souvent.

Du côté de l'homme, c'est très différent, et c'est de là que vient le problème. Nous ne fonctionnons pas de la même façon. L'homme n'accorde pas un point mais jusqu'à 20, 30 ou 40 points. La femme est plus sensible aux petites attentions et, à la limite, ne voit pas ce que son mari considère comme une grande attention. Le mari savoure moins les petites attentions, mais sera plus sensible à quelque chose de plus marquant.

Certains hommes multiplient ces attentions au début d'une relation, mais ils cessent très vite. Tout se passe comme si une force instinctive et mystérieuse les poussait à rechercher « la » grande chose qu'ils peuvent faire pour leur fiancée ou leur épouse qui ne leur en demande le plus souvent pas tant.

De plus, le fait que les femmes distribuent les points un par un n'est pas seulement un choix, mais l'expression d'un véritable besoin. Elles ont besoin pour se sentir aimées d'être couvertes de témoignages d'amour par leur mari. Un ou deux gestes d'amour isolés, si énormes soient-ils, ne suffiront jamais à les combler. Cette attitude est extrêmement difficile à comprendre pour un homme.

Pour les aider, John Gray suggère d'imaginer le « réservoir d'amour » d'une femme comme le réservoir à essence d'une voiture : comme lui, il a besoin de pleins fréquents. Mais, contrairement aux voitures, qui peuvent rouler sans dommage avec un réservoir aux trois quarts vide, une femme ne se sent réellement aimée que quand son réservoir d'amour est près de déborder. Une seule solution : de petits remplissages fréquents – comptant chacun pour un point – pour le maintenir plein presque en permanence…

Les syndromes des filles amoureuses

Quand une jeune fille tombe amoureuse, il est bon qu'elle opère un discernement : pourquoi suis-je tellement attirée par ce garçon ? Selon Éliane Cariou[1], les filles amoureuses développent toutes des syndromes plus ou moins graves.

Le *syndrome de Schéhérazade* est issu du célèbre conte arabe. Un sultan épouse chaque soir une fille et la fait égorger le lendemain matin par son grand vizir. Mais Schéhérazade est la fille du Premier ministre bourreau malgré lui. Elle se porte volontaire pour être la prochaine épouse. Son père, évidemment, fait tout pour la dissuader. Mais rien ne l'arrête.

Pourquoi ? Parce que le sultan est jeune et beau ? Parce qu'elle se consume d'amour pour lui ? Pas du tout. Alors, folle, Schéhérazade ? Masochiste ? Suicidaire ? Kamikaze ? Pas le moins du monde. Simplement, elle ne doute pas une seconde qu'elle seule est capable de mettre fin aux agissements de cette brute sanguinaire. La suite a d'ailleurs prouvé qu'elle avait raison.

Mais dans la réalité, ce n'est pas toujours le cas. Certaines filles amoureuses se jettent tête baissée dans des situations à haut risque en se disant : « Je réussirai là où toutes les autres ont échoué. »

Le *syndrome de Mère Teresa*, lui, peut se formuler ainsi : « Il est malheureux, je vais le sauver. » Le danger, c'est l'oubli de soi au profit de l'autre. Une fois le malheureux requinqué et elle sur les rotules, il prend ses cliques et ses claques, parce qu'il ne veut

1. *Du bon usage des hommes*, Hors commerce, 1998.

pas vivre avec une Mère Teresa qui, en plus, n'a plus la santé !

Éliane Cariou dit que certaines développent le *syndrome de la Joconde*. Elle pense que l'expression « tomber amoureuse » est déjà significative : on devrait dire « décoller », parler de l'amour en terme d'envol, et non de chute, de dégringolade. Celles qui développent ce syndrome tombent dans une prétendue sagesse, un immobilisme, mains croisées et rictus coincé. Elles s'interdisent d'être gaies, drôles, insouciantes, joyeuses, clowns, comme elles le seraient avec leurs amies.

Enfin, le *syndrome de Blanche-Neige*. La fille, seule, n'est pas forcément « accro » des tâches ménagères, mais quand elle tombe amoureuse, elle se découvre une passion pour le balai, la cuisine, la serpillière, le plumeau et l'aspirateur. Pendant que les sept nains s'acquittent de leur labeur, Blanche-Neige rend la chaumière accueillante. C'est tout à fait charmant et il n'est désagréable pour personne de trouver en rentrant du travail un intérieur coquet et des tartes aux groseilles tièdes. Mais faut-il faire passer les tâches matérielles avant les personnes ?

La question mérite d'être posée aux jeunes filles amoureuses : est-ce vraiment par amour que tu l'aimes ou bien est-ce à cause de l'un de ces syndromes que tu te sens aimantée par lui ?

Il n'y a pas, à notre connaissance, d'équivalent pour les hommes. Mais nous est parvenue cette proposition d'une prochaine saison de « Koh-Lanta », l'émission de téléréalité qui fait concourir des personnes sur une île déserte.

Six hommes mariés vont être laissés sur une île avec une voiture et trois enfants, chacun pour six semaines. Chaque enfant participe à deux activités sportives et à un cours de musique ou de danse. Il n'y a pas de fast-food. Chaque homme doit :

– prendre soin de ses trois enfants ;

– garder sa maison propre ;

– corriger les devoirs des enfants et au besoin faire du soutien scolaire ;

– préparer les repas, faire la lessive et payer la liste « virtuelle » de factures sans avoir assez d'argent.

De plus, chaque homme devra faire un budget pour les provisions de chaque semaine. Chaque participant doit se souvenir de l'anniversaire de naissance de tous les amis et membres de la famille, et leur envoyer une carte – pas un courriel. Chaque homme doit aussi emmener chaque enfant à un rendez-vous chez le médecin, chez le dentiste et chez le coiffeur. Il doit faire une visite imprévue aux urgences et y patienter plusieurs heures pour chaque enfant. Il doit aussi préparer des biscuits et petits gâteaux pour une activité sociale. Chaque concurrent est également tenu de :

– décorer sa maison ;

– planter des fleurs à l'extérieur ;

– garder sa maison présentable en permanence.

L'homme aura accès à la télévision seulement lorsque les enfants seront couchés et qu'il se sera acquitté de toutes ses corvées. Il doit aussi :

– se raser les jambes ;

– se maquiller tous les jours ;

– porter des bijoux ;

– porter des chaussures à la mode et inconfortables ;

– garder ses ongles propres et avec du vernis et les sourcils bien épilés.

Durant une de ces six semaines, l'homme devra endurer de douloureuses crampes abdominales ou des douleurs au dos, et ressentir un changement d'humeur inexpliqué, mais ne jamais se plaindre, ni ralentir le rythme des corvées. Il devra assister aux réunions avec les professeurs à l'école et trouver un après-midi par semaine pour faire une activité comme aller au parc. Il doit lire une histoire à ses enfants chaque soir et les nourrir, les habiller, veiller à ce que leurs dents soient brossées et leurs cheveux coiffés chaque matin pour 7 heures.

Un questionnaire sera remis à tous les pères à la fin des six semaines, et chacun devra connaître les informations suivantes pour chaque enfant : date de naissance, poids, taille, pointure, taille de vêtements et nom de son médecin.

Il devra aussi savoir, pour chaque enfant, son poids et sa taille à sa naissance, l'heure de sa naissance et la durée du travail. En plus, il devra connaître : sa couleur préférée, son deuxième prénom, son plat, sa chanson, sa boisson, son jouet préférés, ses plus grandes peurs et ce qu'il veut faire lorsqu'il sera grand.

Des suggestions salutaires

John Gray donne 101 « trucs » pour marquer des points auprès de son épouse. Par exemple :

– En rentrant à la maison, allez embrasser votre femme avant de faire quoi que ce soit d'autre.

– Posez-lui des questions spécifiques indiquant que vous vous souvenez et que vous vous préoccupez de ce qu'elle vous raconte et de ce qui lui arrive. Par exemple : « Comment s'est passé ton rendez-vous chez le médecin ? »

– Résistez à la tentation de lui donner des conseils et manifestez-lui plutôt votre tendresse.

– Accordez-lui vingt minutes d'attention exclusive et soutenue, sans toucher à votre journal.

Et parmi les plus simples :

– Prenez-la dans vos bras au moins quatre fois par jour.

– Ne zappez pas devant la télévision.

– Dites-lui merci.

– Remarquez sa coiffure si elle revient de chez le coiffeur.

– Changez les ampoules électriques.

– Proposez d'aiguiser les couteaux.

– Téléphonez-lui de votre lieu de travail pour lui dire simplement : « Je t'aime. »

– Sachez lui demander pardon quand vous la sentez blessée.

Il fait remarquer aussi que l'homme a besoin de temps en temps de se retrouver vraiment seul ; alors, il donne ces conseils avec une image très expressive :

– Lorsque vous sentez la nécessité de vous retirer dans votre caverne, prévenez-la de votre besoin de temps pour réfléchir et dites-lui bien que vous serez très bientôt de nouveau disponible pour elle.

– À votre sortie de votre caverne, parlez avec elle de ce qui a pu la tourmenter dans le calme, de manière respectueuse et sans reproches, pour éviter qu'elle ne s'imagine le pire.

Quant à vous, mesdames, voici quelques conseils pour plaire à votre mari. Vous pouvez gagner jusqu'à quarante points en faisant ceci :

– Il commet une erreur, ne lui dites pas : « Je te l'avais bien dit ! » Et abstenez-vous de tout conseil.

– Il s'égare et, au lieu de vous plaindre, trouvez à son erreur un aspect positif : « Regarde ce sublime coucher de soleil ! On ne l'aurait jamais vu si on avait suivi la route directe. »

– Il oublie d'apporter une chose que vous aviez demandée ; dites-lui : « Ce n'est pas grave, tu me l'apporteras la prochaine fois. »

– Il oublie une nouvelle fois d'apporter ladite chose ; bornez-vous à dire : « Ce n'est pas grave, mais pourrais-tu aller me la chercher ? »

Quand délicatesse, science et inventivité se conjuguent, l'amour grandit et rayonne.

Tout est dans les détails

Quand vous recevez une lettre, un télégramme, un SMS, ou un mail, et que le message vous étonne, ne prenez pas feu tout de suite. L'histoire suivante est une belle illustration pour nous inviter à la prudence…

Deux jeunes protestants doivent se marier. Quand c'est possible, les deux pasteurs participent à la cérémonie, celui de la paroisse du garçon et celui de la paroisse de la fille. Mais voilà que le jour de la cérémonie, le pasteur du fiancé ne peut se déplacer. Un peu ennuyé, il se décide néanmoins à envoyer un télégramme au pasteur de la fiancée, qui s'occupera de la bénédiction des époux.

Dans la prière, le Seigneur lui montre un passage biblique : « L'Amour parfait bannit la crainte » (1 Jean 4, 18).

Comme le coût d'un télégramme est fonction du nombre de mots écrits, il décide, pour éviter d'alourdir inutilement les faibles finances paroissiales, de n'envoyer que les références du verset, soit : « 1 Jean 4, 18 ». Seulement, le préposé à la poste oublie de mettre le « 1 » devant le « Jean », et la « première épître de Jean » se transforme soudainement en « Évangile de Jean », selon la notation officielle de la Bible...

Du côté du pasteur de la fiancée, le temps manque et il ne lit pas ledit verset avant la cérémonie, pensant que son collègue a, de toute façon, été certainement bien inspiré...

La cérémonie débute par :

— Mon cher frère qui allez vous marier, je viens de recevoir un télégramme d'exhortation de la part de votre pasteur. J'ai préféré attendre avec vous le plaisir de le découvrir. Votre pasteur nous conseille de lire : Jean 4, 18. Ouvrons donc la Parole de Dieu à Jean 4, 18 : « C'est vrai, tu as eu cinq maris et celui qui est avec toi n'est pas ton mari ! » Stupéfaction et fou rire général dans le temple...

Mais, nul besoin de la poste pour faire des gaffes ! Une épouse demandait un jour à son mari :

— Chéri, tu préfères une femme jolie ou une femme intelligente ?

Et le mari a cru bien faire en lui répondant :

— Ni l'une, ni l'autre, mon amour, c'est toi que je préfère...

DIS-MOI, MON CHÉRI, TU PRÉFÈRES UNE BELLE FEMME OU UNE FEMME INTELLIGENTE ?
NI L'UNE, NI L'AUTRE, MA CHÉRIE, C'EST TOI QUE JE PRÉFÈRE...

Le secours des malades

La crainte de Dieu

Un prêtre venait d'entrer dans la chambre d'hôpital où se trouvait son oncle prêtre. Il s'approche du malade qui ne voit plus et entend très mal. Le tonton a son chapelet autour du cou :

— Ah, c'est toi ! Est-ce que tu as pensé à m'apporter les saintes huiles ?

— Oui, tonton, je les ai apportées.

— Tu as bien fait, parce que mon âme commence à serrer les fesses…

Jésus lui-même n'a pas abordé sa mort de façon stoïque, mais avec « trouble et angoisse ». Le disciple n'est pas au-dessus du maître. La confiance peut cohabiter avec l'inquiétude. La certitude peut laisser la place à l'appréhension.

Le sens du sacré

Est-ce une histoire vraie ? Est-ce une vraie histoire ? Au lecteur d'en juger…

On raconte qu'un prêtre avait été appelé auprès d'une personne mourante pour lui donner ce que l'on appelait alors l'extrême-onction. Il s'agissait d'une vieille paysanne qui vivait chez sa fille et son gendre dans la ferme familiale. Sa chambre était au premier étage. On conduit le prêtre au chevet de la malade…

À cette époque, dans ce sacrement il y avait beaucoup plus d'onctions d'huile sainte qu'aujourd'hui, et donc plus d'occasions que le prêtre ait la main tout imprégnée d'huile. Par ailleurs, les petites serviettes en papier imbibées de citron pour se purifier les doigts n'existaient pas. Mais on connaissait deux astuces : la mie de pain et le coton convenaient très bien. Sitôt les onctions faites, monsieur le curé s'essuie donc les doigts pour ne pas imprégner son livre d'huile. Il achève la prière paisiblement, salue la dame avec beaucoup de délicatesse et il redescend à la cuisine en compagnie du gendre pendant que l'épouse de celui-ci reste auprès de la maman. Arrivé en bas, le brave paroissien lui dit :

— Monsieur le curé, vous n'allez pas partir comme ça. Qu'est-ce que je vous offre ? Un verre de vin ?

— À vrai dire, je préférerais un café.

— Ah ! Dans ce cas, on va attendre la patronne. Moi, je ne saurais pas vous le faire. Chacun son travail. Je ne touche pas trop à ses casseroles…

Et ils se mettent à parler de tout et de rien. Au bout d'un quart d'heure, la « patronne » n'est toujours pas descendue. Et monsieur le curé commence à trouver le temps long.

— C'est curieux que votre femme ne descende pas. On avait pourtant fait les choses comme il faut. Il ne faudrait pas que votre belle-mère se soit trouvée mal…

— Oh ! Ce ne doit pas être cela car elle aurait demandé de l'aide. On l'aurait entendue crier.

— Il vaut mieux aller se rendre compte. Si vous permettez, je remonte dans la chambre…

— Je vous suis. Allez-y, monsieur le curé !

Et monsieur le curé remonte l'escalier de bois. Arrivé sur le palier, par la porte restée ouverte, il voit alors une scène insolite : la fille est penchée sur la vieille maman qui transpire à grosses gouttes… Elle se retourne et dit à monsieur le curé d'un air désolé :

— J'ai réussi à lui faire manger la mie de pain, mais le coton, impossible ! Cela ne passe pas. Elle ne veut pas l'avaler.

Qu'y avait-il dans l'esprit de cette chrétienne ? Tout ce qui est sacré doit être consommé. L'huile étant bénite, il fallait la consommer !

Prenez sur vous mon joug

Trêve de plaisanteries. Le sacrement de l'onction des malades n'est pas assez demandé aujourd'hui. On se prive de beaucoup de grâces de réconfort, de guérison de l'âme et parfois du corps. Une parole de Jésus en donne le sens : « Venez à moi, vous tous qui ployez sous le poids du fardeau. Je vous procurerai le repos. Prenez sur vous mon joug » (Mt 11, 28-29).

Mon grand-père maternel Jacques, qui avait servi dans la cavalerie, travaillait avec le cheval. Pour l'atteler à la charrue, au char à foin, à la herse, au râteau faneur, à la bineuse, ou au tombereau, il lui passait autour du cou un « collier » de bois enveloppé de cuir. Mon grand-père paternel, lui, travaillait avec les bœufs. Dans ce cas, une seule bête ne suffit pas ; il en faut deux ; et on leur lie sur la nuque le joug de bois. Par cette image du joug, Jésus assure la personne dans l'épreuve de sa présence à ses côtés. Il s'attelle au même joug. Mais on ne lie pas deux animaux de trait pour ne rien faire ; on les lie ensemble pour labourer, semer, tirer la faucheuse-lieuse, engranger le foin ou les raves, le trêfle ou les pommes de terre pour l'hiver, bref pour entretenir la vie.

Ainsi par l'image du joug, Jésus signifie aussi que l'épreuve vécue dans la foi, l'offrande et l'espérance peut être féconde. À l'heure où l'on reste rivé sur la rentabilité et l'efficacité, Jésus nous parle de fécondité et de rayonnement. Nous connaissons tous de ces personnes malades dont la foi, la sagesse et la force d'âme irradient l'amour de Dieu.

5

La vie spirituelle

« Spirituel » ne veut pas dire « vaporeux ». C'est l'art de vivre selon l'Esprit-Saint. Dieu nous veut au travail. Il nous veut aussi en travail. Il n'est pas si facile que cela de se laisser transformer peu à peu, de se prêter à l'action de Dieu qui veut nous façonner à son image et à sa ressemblance. Il est comme un chirurgien qui veut nous greffer un cœur nouveau. Et il n'est pas facile d'accueillir ses coups de scalpel et de bistouri. Mais il paraît que la sainteté commence le jour où l'on dit : « Le mal ne passera pas par moi ! »

Imbécillités

J'espère ne choquer personne en vous donnant ma collection souriante sur les bons mots concernant l'imbécillité.

La première anecdote s'est passée dans un cimetière. On enterrait ce jour-là un notable de la ville et monsieur le maire y allait de son discours, un discours trop long, passablement ennuyeux, et quelque peu opportuniste. Un auditeur glisse à l'oreille de son voisin : « Eh oui, il vaut mieux être en deuil qu'andouille, ça dure moins longtemps… »

Il faut se méfier car Jésus dit au chapitre 5 de l'Évangile selon saint Matthieu : « Vous avez entendu qu'il a été dit aux anciens :

— Tu ne tueras pas ! Qui tuera sera passible de jugement.

Or, moi, je vous dis :

— Tout homme en colère contre son frère sera passible de jugement. Qui dira à son frère "imbécile" sera passible du sanhédrin. Qui lui dira "crétin" sera passible de la géhenne du feu. »

Jésus dénonce plus l'esprit dans lequel on dit ces insultes que les termes eux-mêmes.

Dans une autre circonstance, quelqu'un d'autre disait, un peu excédé par un vaniteux : « L'ennui, avec l'imbécillité, c'est qu'elle est souvent glorieuse. »

D'où un conseil dont vous ferez ce que vous voudrez : « Mieux vaut fermer sa bouche et passer pour un imbécile que l'ouvrir et montrer qu'on en est un… »

Il nous arrive à tous de penser : « Quel imbécile je suis ! », « Mon Dieu ! Quel nigaud je suis ! »… Un des quatre supérieurs de séminaire que j'ai eus disait volontiers à celui qu'il surprenait en flagrant délit d'auto-accusation : « Dites-le un peu moins, croyez-le un peu plus. »

Il est très facile en effet de reconnaître ses erreurs, ses torts, seulement du bout des lèvres. C'est autre

NOUS SOMMES AU REGRET DE DEVOIR CONCLURE QUE NOS DIX ÉQUIPES N'ONT PAS RÉUSSI À TOMBER LE MOINDREMENT D'ACCORD SUR LES EXPRESSIONS (JE CITE DANS LE DÉSORDRE) : "IMBÉCILE", "CRÉTIN", "ANDOUILLE", "ABRUTI" ET "TÊTE DE MURGE" ...
...NI SUR LEUR CLASSIFICATION HIÉRARCHIQUE, EN TERME DE GRAVITÉ, NI SUR LEURS CONSÉQUENCES EN TERME DE REPRÉSAILLES...
XIIe SYMPOSIUM THÉOLOGIQUE.
PATATE !
ANDOUILLE !
IMBÉCILE !
PIGNOUF !
SOMBRE CRÉTIN !
TÊTE D'ABRUTI !
GUÉZOU

chose de dire : « Je dois changer. Il faut que je trouve le moyen de me débarrasser de ce défaut. »

Quand on reconnaît le mal dont on est capable et qu'on se dit – « Mais y a-t-il quelqu'un qui puisse me guérir, me transformer ? » – on est alors mûr pour rencontrer Celui qui se présente comme le Sauveur. Il s'appelle en hébreu Yeshouah, Jésus, c'est-à-dire « Dieu sauve ».

Un homme considéré

Piron, homme de lettres du XVIIIe siècle, aimait à se promener dans le jardin des Tuileries. Un jour qu'il s'était assis sur un banc dans le jardin, il s'amusait à observer les passants et bientôt sa vanité fut agréablement chatouillée : tous, sans exception, semblant le reconnaître, le saluaient au passage. Piron rendit tant de saluts que, finalement lassé, il retira son chapeau.

— Que je suis donc célèbre ! se disait-il, ravi. Ah ! Si Voltaire était ici, il serait bien obligé de reconnaître que je suis un aussi grand homme que lui.

La rivalité de Voltaire et de Piron était connue de tout Paris, et c'était à qui des deux aurait le dernier mot, mais Piron était loin de valoir, par le talent, Voltaire ; aussi était-ce à son ennemi qu'il pensait devant tant de marques de considération, dont il était le premier surpris.

— Je ne me croyais pas une telle renommée. Ainsi donc ! Tous ces gens me connaissent !

Et d'incliner la tête à tous les saluts. Enfin, ce fut bien mieux encore : une bonne femme, qui allait passer, se mit soudain à genoux devant le poète ! Pour le coup, Piron se leva :

— C'est assez, brave femme, fit-il, je ne suis qu'un mortel comme vous ; certes, il faut rendre hommage à la poésie, mais trop c'est trop et vous m'obligeriez fort en vous relevant.

Mais la femme restait prosternée. Piron s'avança vers elle. La femme priait... D'autres passants continuaient à saluer. Alors, l'homme célèbre se retourna. Derrière le banc, où il était assis tout à l'heure, était un arbre et dans l'arbre une statue de la Vierge... Ni les passants, ni la femme prosternée ne connaissaient le poète, et les saluts, l'agenouillement et les prières étaient pour la Vierge. Piron s'éloigna en murmurant :

— Bonne leçon que celle-là, pour mon orgueil ! Heureusement que Voltaire n'était pas là : il aurait bien ri de ma méprise et de ma confusion !

La leçon était bonne, en effet, puisque Piron, corrigé de sa vanité naïve, ne craignit pas de raconter lui-même l'anecdote...

L'esprit de détachement du Père Noël

C'est l'histoire d'un enfant qui écrit une lettre au Père Noël :

Cher Père Noël, cette année, je te demande quelque chose de spécial. Mes parents sont tous deux au chômage. Je les ai entendus parler ensemble un soir. Maman a dit qu'ils étaient très ennuyés pour mes deux grandes sœurs car ils ne peuvent leur payer des études pour aller dans des grandes écoles. Alors, je ne demande pas de cadeau pour moi. J'aimerais simplement que tu me donnes mille euros pour que mes sœurs puissent continuer à aller à l'école.

Sa lettre arrive à La Poste qui ouvre le courrier adressé au Père Noël. Elle touche beaucoup les employés. Ils se disent qu'il faut encourager la générosité de cet enfant... Un enfant de cet âge qui a un tel souci des autres, ce n'est pas banal ! Il leur semble qu'il mérite d'être soutenu. Alors, ils organisent une quête auprès de tous les employés de La Poste. Cette quête rapporte 450 euros.

Celui qui rédige la lettre et expédie le mandat rajoute 50 euros pour faire un chiffre rond (cinq cents euros) qui correspond à la moitié de la somme demandée. Il l'envoie sans tarder au petit. L'enfant n'est pas étonné que le Père Noël réponde à sa demande. Dans son esprit, le Père Noël ne peut être que riche mais aussi généreux. Et, parce que lui aussi est très sensible, il reprend sa plus belle plume et rédige une lettre pour accuser bonne réception de l'argent qui va lui permettre de donner beaucoup de joie et de réconfort à ses parents :

Cher Père Noël, par cette petite lettre, je viens te remercier. Je te dis merci d'abord de m'avoir cru. Tu aurais pu penser que je t'écrivais un mensonge. Merci de m'avoir fait confiance. Merci de m'avoir envoyé de l'argent. Dommage que ces margoulins de La Poste en aient gardé la moitié.

Ne nous étonnons pas que le bien que nous faisons ne soit pas toujours reconnu. Jésus a laissé des consignes précieuses : « Ce que donne ta main droite, que ta main gauche l'ignore » (Mt 6, 3). Et aussi : « Lorsque tu donnes un festin, invite des pauvres, des estropiés, des boiteux, des aveugles ; heureux seras-tu alors de ce qu'ils n'ont pas de quoi te rendre ! Car cela te sera rendu lors de la résurrection des justes » (Luc 14, 13-14).

La paille et la poutre

Trois hommes d'un certain âge se retrouvent, alors qu'ils ne se sont pas vus depuis plusieurs années. La discussion va bon train sur leurs années de lycée puis elle s'engage sur les problèmes dus au vieillissement. Ils ont l'âge des « tamalou » et « jébobola ». Ils en viennent à parler de leurs épouses. Elles aussi vieillissent.

— La mienne, dit l'un, fait une dégénérescence maculaire ; malgré les séances de laser, elle perd progressivement la vue. Nous sommes bien ennuyés.

— J'ai peur que la mienne devienne sourde, mais comme elle est facilement dans la lune, je ne sais pas s'il s'agit de surdité ou de distraction.

— Oh, dit l'autre, il y a un bon moyen pour le vérifier. Tu lui poses une question alors que tu es à vingt mètres d'elle. Si elle te répond, c'est qu'elle n'est pas malentendante. Sinon tu t'avances de cinq mètres, tu redis la même interrogation. Et ainsi de suite, de cinq mètres en cinq mètres, tu évalueras son degré de surdité.

Les trois amis se séparent. Chacun rentre chez soi. Celui qui a un doute sur les facultés auditives de sa femme est bien décidé à faire le test sur l'heure. Arrivé à la maison, dès qu'il a passé le portail de la clôture extérieure, il l'aperçoit par la porte-fenêtre du balcon dans sa cuisine. Il lui crie :

— Qu'est-ce que tu as prévu pour le déjeuner ?

Mais il n'obtient aucune réponse. Il s'approche, pose à nouveau sa question d'une voix un peu plus forte :

— Qu'est-ce que tu as prévu pour ce midi ?

Mais aucun retour. Il monte à l'étage et du fond du couloir, il crie du mieux qu'il peut. Mais sa femme ne lui répond pas. Arrivé dans la cuisine alors qu'elle est devant l'évier, il crie une quatrième fois et très fort :

— Qu'est-ce que tu as prévu pour le déjeuner aujourd'hui ?

Alors sa femme s'approche de lui et lui dit gentiment :

— Depuis que tu as passé le portail du jardin, je te dis que j'ai préparé du poulet.

N'est-ce pas un certain Jésus de Nazareth qui a dit : « Qu'as-tu à regarder la paille qui est dans l'œil de ton voisin alors que la poutre qui est dans le tien, tu ne la remarques même pas ? »

Gagner la paix

Voici l'histoire vraie qui est arrivée à un prêtre français au cours de la Seconde Guerre mondiale. Pour la saisir, il suffit de savoir que les prêtres, lorsqu'ils sont éloignés de leur diocèse, ont un papier administratif de l'évêché leur donnant droit de célébrer la messe. Cet acte s'appelle un *celebret*. Le prêtre dont il est question fut mobilisé comme tous les hommes de son âge. Il partit donc avec le *celebret* qui lui donnait l'autorisation de célébrer *usquae ad victoriam*, c'est-à-dire « jusqu'à la victoire ». Mais voilà qu'il fut fait prisonnier dès juin 1940. Arrivé en Allemagne, il dut présenter ses papiers. L'officier allemand savait le latin. Il lut le *celebret* et, regardant le prêtre, sans lui dire un mot, il raya ensuite le *usquae ad victoriam* pour le remplacer par USQUAE AD PACEM (« jusqu'à la paix »).

Comment abordons-nous nos adversaires ? Avec le souhait d'être victorieux par K.-O. ou bien avec le désir d'en faire des frères ?

Puissions-nous passer d'une mentalité d'un Gian Galeazzo Visconti à celle d'un Pétrarque. Le premier, seigneur typique de la Renaissance, ne concevait de gouverner sans guerroyer et il en arriva au point d'interdire aux prêtres de dire à la messe les paroles : *Dona nobis pacem* (« Donne-nous la paix »). Le second – écrivain italien du XIVe siècle – est d'avis diamétralement opposé et raconte un dialogue avec un fou :

Celui-ci, voyant des soldats en marche, demande au poète :

— Où vont-ils ?

— À la guerre !

— Mais, observe le fou, cette guerre devra bien se terminer un jour par la paix, oui ou non ?

— Certes ! réplique le poète.

— Mais alors, pourquoi ne pas faire tout de suite la paix, avant de commencer la guerre ?

— Moi, conclut mélancoliquement Pétrarque, je suis du même avis que ce fou !

Qu'avec la grâce de Dieu un peu de cette bonne folie gagne tous les cerveaux !

Il faut rendre hommage aux femmes et aux hommes politiques ainsi qu'aux diplomates. Quand on travaille pour le bien public, il ne faut pas s'attendre à trop de reconnaissance et d'applaudissements, mais se préparer à l'indifférence et aux critiques de ses administrés qui ont une psychologie curieuse. Ayant été plusieurs fois Premier ministre, Aristide Briand l'a décrite en connaissance de cause :

« Dans un magasin, un forcené entre un gourdin à la main. Il frappe comme un sourd sur la vaisselle et la met en miettes. Les gens s'arrêtent, on accourt de toutes parts, on admire la prouesse. Quelques heures plus tard, un petit vieux arrive avec un tube de colle sous le bras. Il ôte son plastron, chausse ses lunettes et avec une patience de bénédictin il se met à recoller les pots cassés. Vous pouvez être certain qu'il n'y aura pas un passant pour s'arrêter et le regarder. » « La paix, est-il écrit dans le *Catéchisme de l'Église catholique*, n'est pas seulement absence de guerre et elle ne se borne pas à assurer l'équilibre des forces adverses. La paix ne peut s'obtenir sur terre sans la sauvegarde des biens des personnes, la libre communication entre les êtres humains, le respect de la dignité des personnes et des peuples, la pratique assidue de la fraternité. Elle est “tranquillité de l'ordre”. Elle est œuvre de justice et effet de la charité[1]. »

Il semble bien que pour gagner la paix, il faille commencer par soi-même.

Un texte a été retrouvé après la mort du patriarche Athénagoras de Constantinople (1888-1972), au fond de son bureau, sur une feuille pliée en quatre :

« Il faut mener la guerre la plus dure qui soit : la guerre contre soi-même. Il faut arriver à se désarmer.

J'ai mené cette guerre pendant des années, elle a été terrible. Mais maintenant je suis désarmé.

Je n'ai plus peur de rien, car l'Amour chasse la peur.

---

1. *Catéchisme de l'Église catholique*, n° 2304, p. 471.

Je suis désarmé de la volonté d'avoir raison, de me justifier en disqualifiant les autres. Je ne suis plus sur mes gardes, jalousement crispé sur les richesses. J'accueille et je partage.

Je ne tiens pas particulièrement à mes idées, à mes projets. Si l'on m'en présente de meilleurs, ou plutôt non pas meilleurs mais bons, j'accepte sans regrets. J'ai renoncé au comparatif. Ce qui est bon, vrai, réel, est toujours pour moi le meilleur. C'est pourquoi je n'ai plus peur. Quand on n'a plus rien, on n'a plus peur.

Si l'on se désarme, si l'on se dépossède, si l'on s'ouvre à Dieu Homme qui fait toutes choses nouvelles, alors, Lui, efface le mauvais passé et nous rend un temps neuf où tout est possible. »

Pour ce « combat », sans doute faut-il d'abord s'appliquer à soi-même le « truc du saltimbanque ». Il est connu : perché sur une chaise, le jour du marché, le saltimbanque montrait une petite boîte fermée aux paysans qui l'entouraient, médusés et bouche bée :

— Il y a là-dedans, disait-il, un remède souverain contre les ruades des mulets ; il est bon marché, c'est une affaire !

De fait, beaucoup l'achetaient. Mais l'un des clients eut envie d'ouvrir la boîte : il y trouva deux mètres de ficelle. Il protesta à grands cris :

— Tu as menti !

— Je n'ai pas menti, repartit le bonimenteur. Reste éloigné de la longueur de la ficelle et aucune ruade de mulet ne t'atteindra !

La séparation est le remède classique et radical recommandé par beaucoup. Parce que nous sommes exposés aujourd'hui à mille dangers, il est bon d'apprendre à se séparer de tous les « mulets » qui lancent des ruades morales.

Mais cela ne suffit pas, évidemment.

Un apologue peut nous mettre sur la voie. Une famille venait de s'installer dans une jolie maison, entourée d'un jardin. Au printemps, elle découvrit que le jardin était couvert de chardons poussant dru. Ne ménageant pas leur peine, les nouveaux arrivants se mirent à l'ouvrage, mais en vain : ils avaient beau sarcler, arracher, ces mauvaises plantes repoussaient toujours. Ils prirent alors la bêche, croyant bien les éradiquer. Mais leurs racines étaient si profondes qu'ils ne purent en venir à bout. Un vieux jardinier leur dit alors : « Une seule solution : planter des pommes de terre. » Et ce fut la réussite : les tubercules occupaient le sol et leurs feuilles privaient d'air les chardons qui tentaient de se faire une place au soleil. Ainsi en va-t-il du cœur de l'homme.

Les psychologues nous disent que la maturité affective est atteinte en devenant « sociocentrique », c'est-à-dire bien situé dans son milieu, ouvert au dialogue, soucieux de sa santé, attentif à accroître ses compétences, gardant son autonomie de jugement pour ne pas céder aux entraînements collectifs.

Alors la paix viendra…

Trois hypertrophies menacent la foi

Notre culture et notre mode de vie actuels font croire aux gens que la foi n'est qu'un sentiment subjectif – au mieux – ou un mécanisme psychologique – au pire.

La foi est avant tout un don de Dieu, c'est-à-dire une réalité ancrée en Lui et à laquelle l'homme participe par un acte volontaire, clair et personnel, libre et conscient. C'est la distance entre « Je veux être à toi, Seigneur » et « On se sent mieux quand on est avec Jésus ».

Par la foi, l'homme n'est jamais au niveau de Dieu ni au-dessus pour se décider par rapport à Lui, mais il connaît Dieu comme partenaire parce que Dieu l'élève à Lui et, gratuitement, le rend capable de le connaître non seulement comme horizon, fondement, mais aussi comme présent, personnel, en dialogue effectif.

La foi, c'est s'en remettre à Celui qu'on perçoit avec d'autant plus de vérité qu'on le perçoit comme mystérieux : la foi est un saut par lequel l'homme se laisse tomber en Dieu, parce qu'il ne reconnaît d'autre sens et consistance à son monde, à son histoire et à son être que dans cet abîme toujours inaccessible qui se rend librement accessible.

« Dieu ne se prouve pas, il se trouve », dit le philosophe Blondel. Prenez les pêcheurs de perles, puisque justement il s'agit de trouver la perle précieuse. Quand on cherche des perles, il ne suffit pas de plonger une fois et de remonter en disant « Je n'ai rien trouvé ». Si on n'a rien trouvé, on recommence cent cinquante fois s'il le faut. Alors on est payé des cent quarante-neuf plongées inutiles. Et si on ne trouve jamais rien ? « Si vous ne trouvez rien, dit Ramakrishama, surtout n'en concluez pas que la mer ne contient pas de perles. »

Prenez encore des poissonnières qui ne peuvent pas dormir dans une boutique de fleurs parce que « les fleurs sentent mauvais ». Dieu sent mauvais pour ceux qui sont habitués à la forte odeur de poisson, comme nous. « La lumière du soleil tombe également sur toutes les surfaces ; mais seules les surfaces brillantes comme l'eau, les miroirs et les métaux polis peuvent la refléter fidèlement. Pour la lumière divine, c'est la même chose. Elle tombe également et impartialement sur tous les cœurs, mais seuls les cœurs purs et pieux recueillent et reflètent bien cette lumière[1]. »

Le courage dont nous avons besoin, c'est celui que Napoléon appelait le courage de deux heures du matin : tenir bon au moment où on a envie d'abandonner. Dans la Bible, le récit de la lutte de Jacob, le petit-fils d'Abraham, avec l'ange, durant toute une nuit, nous prévient que la foi sera toujours un combat (Gn 32, 23-31). Il s'agit de changer de point d'appui, de miser à fond sur Dieu seul. Et ce n'est pas facile !

On a dit astucieusement que trois hypertrophies menacent l'éducation de la foi des adolescents. Il y aurait celle du rat de bibliothèque qui enfle par excès de savoir religieux ; celle de la grenouille (de bénitier) boursouflée par excès de célébrations ; et celle du saint-bernard trop versé uniquement dans l'humanitaire.

L'idéal est de trouver le bon dosage : des connaissances, des actions, des célébrations pour apprendre à miser sur le Seigneur.

1. Cf. Jacques Loew.

"3 hypertrophies"

S'exercer à la patience

Ce jour-là, la reine d'Angleterre a organisé une immense garden-party. Il est facile d'imaginer les toilettes des dames plus belles les unes que les autres, et les messieurs tirés à quatre épingles, les tables bien garnies, les serveurs et les serveuses…

Un Français – est-il du personnel de l'ambassade, est-il un joueur de football jouant dans un club anglais, ou bien un homme d'affaires de la City ? L'histoire ne le dit pas – qui a forcé un peu sur le whisky s'approche d'une dame et lui dit en titubant :

— Madame, s'il vous plaît, m'accorderez-vous cette danse ?

La dame en question lui répond gentiment mais fermement, en français mais avec un accent anglo-saxon :

— Certainement pas, monsieur, et ceci pour trois raisons : premièrement, la musique que joue l'orchestre n'est pas une danse. Il s'agit, monsieur, du *God Save the Queen*, l'hymne national britannique. Deuxièmement, monsieur, il est évident que vous êtes complètement ivre. Et troisièmement, vous saurez, monsieur, que je ne suis pas une dame. Je suis l'archevêque de Cantorbéry.

Faut-il préciser la morale de cette histoire ? La Bible dit que « le vin réjouit le cœur de l'homme ». Il peut aussi produire des effets attristants. En revanche, on peut admirer la douceur et la patience de Monseigneur l'archevêque. Il avait largement de quoi s'indigner, s'offusquer, se mettre en colère. Est-ce le flegme britannique ? Est-ce l'humour anglais ? Est-

...ET TROISIÈMEMENT, VOUS SAUREZ MONSIEUR QUE JE NE SUIS PAS UNE DAME, MAIS L'ARCHEVÊQUE DE CANTORBÉRY.
GUÉZOU

ce sa foi qui lui a inspiré cette réponse ? À son exemple, ne soyons pas susceptibles : sourions de bon cœur, même des choses les plus sérieuses. Prenons les événements dans le fil du bois afin d'atteindre la « joie évangélique ».

6

La vie aimante et généreuse

Sauve qui peut !

Deux touristes qui se promènent dans la brousse sans armes voient tout à coup venir à leur rencontre un lion en quête d'un bon repas.

L'un des deux ouvre immédiatement son sac et commence à chausser ses baskets.

— Tu es fou, lui dit l'autre, tu ne penses tout de même pas que tu vas courir plus vite que le lion.

— Bien sûr que non, mais je voudrais courir plus vite que toi.

Un égoïste et un égocentrique sommeillent en chacun de nous. Il faut bien toute une vie pour apprendre à aimer.

Il était une fois un village dont les habitants étaient très religieux, mais plutôt susceptibles. Auguste a subi un affront de la part de François avec qui il a une parcelle de bois mitoyenne. Il est bien décidé à lui régler son compte. Aussi, le dimanche suivant, dès l'aube, une heure environ avant la première messe, il va se poster à une portée de fusil de la ferme de François. Il est sûr que le François empruntera ce chemin, puisqu'il est bon catholique. Il l'attend, bien caché derrière un buisson, avec sa carabine 22 long rifle chargée… Les minutes passent, mais le voisin ne sort pas. Auguste attend patiemment. Mais tout à coup, en entendant sonner les cloches qui annoncent la première messe, l'inquiétude le prend. Il dit alors, en regardant pour la nième fois sa montre : « Ce coquin va me faire manquer ma messe. »

Dans la mesure du possible, il faut faire coïncider notre charité et notre foi !

Test de personnalité

Aimez-vous les tests ? Et en particulier les tests de personnalité ? Admettons.

Vous êtes en train de conduire votre voiture pendant une nuit de violent orage. Vous passez à côté d'un arrêt de bus. Dans ce petit abri, trois personnes attendent :

– une vieille dame qui semble être sur le point de mourir ;

– un médecin qui vous a déjà sauvé la vie ;

– l'homme, ou la femme de vos rêves.

Vous ne pouvez prendre qu'une personne dans votre 2 CV. Que faites-vous et expliquez votre réponse. Vous avez trente secondes pour réfléchir. Êtes-vous prêt ?

En résumé :

1. Vous pouvez prendre la vieille dame et ainsi lui sauver la vie ;

2. vous pouvez prendre le docteur pour le remercier de vous avoir sauvé la vie, ce serait une bonne manière de lui rendre la pareille ;

3. vous pouvez penser que l'occasion de lui rendre la pareille pourra se renouveler une autre fois, et vous préférez partir avec la personne dont vous avez toujours rêvé, car cette occasion risque fort de ne plus se reproduire.

Alors ? Vous avez décidé ? Est-ce que vous êtes sûr d'avoir la bonne solution ?

Voici la réponse :

La meilleure décision est celle-ci : je donne les clefs de ma voiture au docteur, je le laisse prendre la vieille dame pour l'emmener à l'hôpital, et ainsi je me retrouve seul avec la personne de mes rêves à attendre le bus avec l'avantage non négligeable de passer pour un héros à ses yeux.

Qu'aviez-vous répondu ?...

Il ne faut pas trop attendre des tests. Mais celui-ci ne prouve-t-il pas, une fois de plus, qu'en choisissant la solution la plus charitable on y gagne toujours à moyen terme et à long terme ?

Il y a dans le psaume 20, verset 8, une expression magnifique. Pour exprimer son attachement très fort à Dieu, en regard duquel tout est bagatelle, le psalmiste dit ceci : « Aux uns les chars, aux autres les chevaux. Mais à nous le Nom du Seigneur ! »

Nous pourrions dire aussi : « Aux uns les chars, aux autres les 2 CV, mais à nous le Nom du Seigneur ! »

Quand Dieu est le centre de décision, il nous conduit par des chemins parfois surprenants mais toujours très sûrs !

Les vieux

Alphonse Daudet raconte, dans un passage des *Lettres de mon moulin*, qu'il vient de recevoir de Paris une lettre de son ami Maurice. Celui-ci lui demande d'aller rendre visite à ses vieux grands-parents qui habitent un petit village de Provence. « Me prenant chacun par une main, ils m'emmenèrent en trottinant jusqu'à la fenêtre, qu'on a ouverte toute grande pour mieux me voir. On approche les fauteuils ; je m'installe entre les deux sur un pliant, et l'interrogatoire commence : “Comment va-t-il ? Que fait-il ? Pourquoi ne vient-il pas ? Est-ce qu'il est content ?” Et patati ! et patata ! Comme cela pendant des heures.

— Le papier de sa chambre ?

— Il est bleu, madame, bleu clair avec des guirlandes.

— Vraiment ? faisait la pauvre vieille attendrie ; et elle ajoutait en se tournant vers son mari : C'est un si brave enfant !

— Oh, oui, c'est un brave enfant ! reprend l'autre avec enthousiasme.

Et tout le temps que je parlais, entre eux, c'étaient des hochements de tête, de petits rires fins, des clignements d'yeux, des airs entendus, ou bien encore le vieux qui se rapprochait pour me dire :

— Parlez plus fort… Elle a l'oreille un peu dure.

Et elle, de son côté :

— Parlez un plus haut, je vous prie !… Il n'entend pas très bien…

J'élevais la voix et tous deux me remerciaient d'un sourire…

Pendant ce temps, un drame terrible se passait à l'autre bout de la chambre, devant l'armoire. Il s'agissait d'atteindre, là-haut, sur le dernier rayon, un certain bocal de cerises à l'eau-de-vie qui attendait Maurice depuis dix ans et dont on voulait me faire l'ouverture. Malgré les supplications de Marinette, le vieux avait tenu à aller chercher ses cerises lui-même ; et, monté sur une chaise, au grand effroi de sa femme, il essayait d'arriver là-haut…

Enfin, après bien des efforts, on parvint à tirer ce fameux bocal de l'armoire, et avec lui une vieille timbale d'argent toute bosselée, la timbale de Maurice quand il était petit. On me la remplit de cerises jusqu'au bord ; Maurice les aimait tant, les cerises ! Et tout en me servant, le vieux me disait à l'oreille d'un air de gourmandise :

— Vous êtes bien heureux, vous, de pouvoir en manger ! C'est ma femme qui les a faites… Vous allez goûter quelque chose de bon.

Hélas ! Sa femme les avait faites, mais elle avait oublié de les sucrer. Que voulez-vous ! On devient distrait en vieillissant. Elles étaient atroces, vos cerises, ma pauvre Marinette… Mais cela ne m'empêcha pas de les manger jusqu'au bout, sans sourciller. »

Quart-monde

Le 17 octobre, chaque année, c'est la journée mondiale de la lutte contre la misère. Elle a été instituée grâce au travail de très longue haleine du mouvement ATD (Aide à toute détresse) du père Joseph Wresinsky, lui-même issu de ce quart-monde. On entend plus souvent parler du tiers-monde. On désigne ainsi les pays de l'hémisphère Sud dits en voie de développement. Le quart-monde se trouve dans nos pays occidentaux. Des millions de familles vivent depuis des générations au-dessous du seuil de pauvreté. Le quart-monde, on peut passer à côté sans même s'en rendre compte. Et parfois avec la meilleure bonne volonté du monde…

Le quart-monde, c'est l'histoire de la petite Sandra. Ce matin-là, Sandra se lève plus rapidement que d'habitude parce qu'elle est tout heureuse : aujourd'hui, c'est son anniversaire. Elle sait bien qu'à la maison on ne pourra pas le lui fêter. Ses parents sont trop pauvres. Ils sont déjà criblés de dettes. Ils essaient tant bien que mal d'assurer le minimum pour Sandra et ses quatre frères et sœurs. Ils ont d'autres chats à fouetter qu'à guetter la date des anniversaires. À l'école, en revanche, c'est une tradition. Le jour où l'un des élèves fête son anniversaire, la maîtresse fait chanter à toute la classe « *Happy birthday to you* ». Et elle offre un cadeau sous les applaudissements des petits camarades. Sandra avale un verre d'eau et dévale quatre à quatre l'escalier de l'immeuble, avec son cartable à bretelles sur les épaules. Elle rêve, la petite Sandra. La maîtresse, dans la matinée, va interrompre le cours et annoncer avec un large sourire que c'est un grand jour pour l'une d'entre eux. Tout le monde va chercher à deviner de qui il s'agit. Son cœur va battre très fort jusqu'à ce que la maîtresse prononce son prénom.

Durant le trajet, elle repasse le film en boucle dans sa tête. Arrivée dans la cour de récréation, elle garde bien son secret. Elle est impatiente d'entrer en classe. Est-ce que le paquet cadeau qui a été préparé pour elle sera déjà sur le bureau de la maîtresse ou bien caché dans un tiroir ? La sonnerie retentit. Elle entre mais elle n'aperçoit aucun paquet. Cependant, une heure et demie après, tout se déroule comme Sandra l'avait imaginé : l'interruption du cours, l'annonce de l'anniversaire, le nom de Sandra, les applaudissements... C'est pendant le chant du « Joyeux anniversaire » que la maîtresse se penche derrière le bureau pour en sortir un beau paquet cadeau. Sandra poursuit son rêve : est-ce que ce sera un beau livre comme pour Quentin ? Ou un DVD comme pour Loanne ? Ou bien un jeu éducatif comme pour Pierrick ? La maîtresse ne manque pas d'imagination et elle sait trouver ce qui convient le mieux aux garçons, aux filles, aux intellectuels, aux manuels, aux patients et aux turbulents. Les autres élèves aussi attendent impatiemment que Sandra enlève le papier cadeau. Sandra coupe le plus délicatement possible le scotch, comme pour faire durer le plaisir. Et elle découvre trois savonnettes et un tube de dentifrice...

L'institutrice croyait bien faire. Elle voulait un cadeau utile. Mais quelle honte pour Sandra.

C'est pour éviter ces trop grandes peines à ce peuple de la misère que le père Joseph leur promit de leur faire gravir un jour les marches de l'Élysée, du Vatican et des Nations unies. Il y est parvenu. Aujourd'hui, non seulement ils ont une plaque sur la place du Trocadéro, mais des milliers de volontaires vivent auprès de ces familles non seulement pour qu'elles puissent se laver, mais surtout pour qu'elles puissent avoir accès au meilleur de l'informatique, de la culture et de l'art sous toutes les formes. Ils ont descendu l'échelle sociale pour permettre aux gens du quart-monde de la monter.

Paul s'occupe de sa petite sœur

Dans *Le Château de ma mère*, Marcel Pagnol raconte ce souvenir savoureux.

« Ne t'inquiète pas pour Paul, me dit ma mère. Il adore sa petite sœur, et il a beaucoup de patience avec elle : il s'en occupe toute la journée. N'est-ce pas, Paul ?

— Oh oui, maman !

Il s'en occupait en effet. Il l'installait à deux mètres du sol, dans les deux branches fourchues d'un olivier, et faisait semblant ensuite de l'abandonner à son triste sort : un jour, comme elle avait peur de descendre, elle grimpa jusqu'aux plus hautes branches, et ma mère épouvantée vit de loin ce petit visage au-dessus du feuillage d'argent… Paul affirma “qu'elle lui avait échappé” et la petite sœur fut désormais considérée comme un singe, capable des pires escalades. Mais les crimes ne restent jamais ignorés, si bien qu'un soir, je trouvai Paul dans notre chambre, sanglotant sur son oreiller. Il avait, en ce jour fatal, inventé un nouveau jeu dont les règles étaient très simples… Il pinçait fortement le mollet de la petite sœur qui poussait aussitôt des cris perçants. Alors, Paul courait, comme éperdu vers la maison :

— Maman ! Viens vite ! Une guêpe l'a piquée !

Maman accourut deux fois avec du coton et de l'ammoniaque, et chercha à extraire, entre deux ongles, un aiguillon qui n'existait pas, ce qui redoubla les hurlements de la petite sœur, pour la plus grande joie du sensible Paul.

Mais, il commit la grande erreur de renouveler une fois de trop sa plaisanterie fraternelle.

Ma mère, qui avait conçu des doutes, le prit sur le fait : il reçut une gifle magistrale suivie de quelques coups de martinet, qu'il accepta sans broncher : mais la remontrance pathétique qui suivit lui brisa le cœur, et, à sept heures du soir, il en était encore inconsolable.

Une personne se targuait d'avoir l'esprit très observateur et perspicace. Ce n'était pas son métier, mais il aurait pu être policier enquêteur. Cependant, il avait aussi une langue de vipère. Un de ses amis (les amis sont précieux qui sont capables de vous dire la vérité avec franchise) lui dit un jour :

— Tu es un grand naïf.

Pour lui, c'était l'insulte suprême. Il aurait accepté qu'on lui reconnaisse certains défauts, mais jamais la naïveté.

— Tu es un grand naïf, poursuit son ami après l'effet de surprise, parce que tu penses que ce que tu dis sur les personnes ne leur arrivera jamais aux oreilles. Or, tôt ou tard, nous finissons toujours par savoir les médisances que l'on dit dans notre dos. »

Tout finit par se savoir : voilà une raison de plus pour éviter l'hypocrisie et « mettre un frein à notre langue » (Lettre selon saint Jacques 1, 26).

Quatre histoires d'argent

Voici quatre petites histoires qui montrent à quel point nous sommes habiles quand nous ne voulons pas partager…

L'argent rêvé

Le fils de Baptiste lui dit un jour :

— Cette nuit, j'ai rêvé que tu me donnais cent euros.

— C'est parfait, lui dit son père. Comme tu es un enfant très sage, tu peux garder ces cent euros. Achète-toi ce que tu voudras.

Les deux soles

Cette anecdote, où la logique se met au service de l'égoïsme, semble à peu près universelle.

Un homme invite un de ses amis à dîner dans un restaurant. Ils commandent du poisson et on leur apporte deux soles, une grande et une petite. L'homme sert la petite sole à son ami et prend la grande pour lui. Son ami s'en étonne et dit :

— Comment ! Je suis ton invité, tu me sers et tu me donnes la petite sole ?

— Si tu m'avais servi, laquelle m'aurais-tu donnée ?

— La grande, bien sûr ! Et moi j'aurais pris la petite !

— Eh bien, sois satisfait, puisqu'il en est ainsi.

La promesse tenue

Le jeune fils de Baptiste fut un jour très bien noté par ses maîtres. Son père s'en montra heureux et lui dit :

— Demande-moi ce que tu voudras et je te l'accorderai.

L'enfant très ému, sachant la persistante pauvreté de son père, lui dit :

— Je te remercie du fond du cœur. Peux-tu m'accorder un délai jusqu'à demain ? Je dois réfléchir.

— C'est très bien, dit Baptiste. À demain.

Le lendemain, le fils vint trouver son père et lui demanda un scooter.

— Ah non, lui répondit aussitôt Baptiste. Le scooter, tu ne l'auras pas.

— Mais tu m'avais promis de me donner ce que je voudrais !

— Et n'ai-je pas tenu parole ? Tu m'as demandé un délai, tu l'as eu !

Le bon partage

On raconte aussi, à Varsovie, qu'un Russe et un Polonais, se promenant ensemble dans une rue, trouvent par chance un sac plein de dollars. Ils sont émerveillés.

— Je propose, dit le Russe, que nous partagions en frères.

— Je préférerais moitié-moitié, dit le Polonais.

Que Dieu délivre l'homme de la mauvaise foi !

Héritage

« Vous ne pouvez pas servir à la fois Dieu et l'argent » (Mt 6, 24).

Le père Bernard Bro raconte la plus brève des dernières volontés qu'il a entendues.

« Un père de mon couvent, cinquante-quatre ans, luttait depuis des années contre une tuberculose des reins. On était en pleines vacances. Le frère de la clinique lui annonce que cette fois c'est sans rémission. Alors le père Chifflot fit venir un père du couvent :

— On m'a dit que je dois normalement mourir d'ici un mois ou deux. Vous allez voir mon médecin et vous lui demanderez premièrement si c'est vrai ; deuxièmement si pour le sacrement des malades, ça peut attendre le retour de mes neveux ; troisièmement si ça peut attendre le retour du père Carré (alors prieur du couvent).

Le père revint avec réponse affirmative sur les trois points. On assista alors à une bifurcation dans l'attitude profonde du père Chifflot. Lui qui vivait pour vivre, vécut alors pour se préparer à la mort. Et cependant, il continua à travailler à ce qui devait devenir la Bible œcuménique. Une fois que tous furent rentrés à Paris, la cérémonie de l'onction des malades eut lieu. En présence du père de Vaux, directeur de l'École biblique de Jérusalem, du père Carré, son supérieur, de ses trois neveux et nièces et de ses deux sœurs, il reçut le sacrement. Puis il prit la parole :

— Dans la Bible, avant de mourir, les Patriarches faisaient un discours. Je ne suis pas un patriarche. Je vais quand même faire un discours.

Et, se tournant vers ses neveux, il dit :

— À vous, mes neveux…

Il faut préciser que l'aînée venait d'être reçue à l'agrégation de lettres, la deuxième à sa licence, et le troisième à Normale supérieure et Polytechnique. Leur père était mort en déportation sans avoir connu le dernier et le père Chifflot employait toute son affection à les suivre.

Il leur dit alors :

— Vous, mes neveux, vous avez été une des grandes joies de ma vie. Je n'ai qu'un mot de testament à vous laisser. (Un silence.) N'aimez pas l'argent. Vous pouvez vous retirer. »

Pas un mot sur le Christ, aucune élévation pieuse... Et cependant y a-t-il dernière « volonté » plus proche de l'Évangile ? L'argent : ce qui emprisonne, ce qui rend esclave, ce qui empêche de s'adoucir. « N'aimez pas l'argent. »

Vivre la pauvreté pour un riche

Faut-il pour autant renoncer à tout argent ?

Le père Ganne raconte cette histoire : il a donné une récollection à des ingénieurs et a surtout parlé de la pauvreté. Un ingénieur a pris cela avec le plus grand sérieux. Après la récollection, il s'est dit que, pour être fidèle à l'Évangile, il fallait qu'il soit pauvre. Il a liquidé la belle table en chêne, son bureau, pour acheter une petite table en bois blanc. Il a liquidé sa grosse voiture pour donner la somme aux pauvres et il a acheté une petite 2 CV. Enfin il en a fait autant de son beau piano à queue, un Pleyel. Un jour, l'aumônier, le père Ganne, va chez lui et l'ingénieur lui explique ce qu'il a fait pour mettre en pratique l'Évangile de la pauvreté. Le père Ganne fait une grimace.

— Franchement, cette table en bois blanc pour un homme comme vous, qu'est-ce que cela veut dire ? Sans votre grosse voiture, comment ferez-vous pour promener des amis ? Et le piano ? Moi qui me réjouissais de venir faire des exercices chez vous, quand vous me le permettiez.

Et il termine en disant :

— Vous savez, Jésus n'a jamais dit bienheureux les appartements pauvres, il a dit bienheureux les pauvres. Et je voudrais savoir si maintenant, dans votre appartement pauvre, vous-même, vous êtes pauvre.

— Mais qu'est-ce qu'il faut faire ? demande l'ingénieur.

— Cherchez et vous trouverez, répond finement le père Ganne.

Le brave homme a cherché et il a fini par trouver. Depuis vingt années qu'il habitait son immeuble, il n'avait pas invité une seule fois le ou la concierge à prendre une tasse de café. Il s'est aperçu qu'à deux ou trois cents mètres de chez lui il y avait des taudis, des musulmans immigrés et qu'il n'avait jamais cherché à prendre contact avec eux. Il était resté barricadé dans son appartement riche, il risquait de rester barricadé dans son appartement appauvri.

— La belle affaire que votre appartement soit plus ou moins bien meublé, tout ce qu'on vous demande, c'est qu'il soit meublé avec goût, l'esthétique est une valeur. Maintenant vous allez peut-être devenir pauvre vous-même et alors vous allez vous apercevoir que c'est en effet incompatible avec un appartement trop riche. Et vous vous mettrez à partager et vous prendrez conscience qu'en France la répartition du revenu national est très inégale et qu'il faut travailler à ce qu'il y ait plus d'égalité.

Le brave homme avait mis la charrue devant les bœufs[1].

---

1. Fait de vie raconté par François Varillon, dans *Vivre le christianisme*, Bayard Éditions, 2002, p. 126.

Ingéniosité. Le fameux banquet d'Osmane

Alors qu'il se plaignait sempiternellement de son pauvre salaire, Osmane donna chez lui, un soir, un tel festin que l'écho de sa magnificence parvint aux oreilles du calife. Celui-ci le fit convoquer et lui demanda d'où il tenait l'argent pour donner une pareille fête.

— Je fais des paris, répondit Osmane. Et je gagne.

— Mais tu paries quoi ?

— N'importe quoi.

— Serais-tu prêt à parier avec moi ?

— Sur-le-champ.

— Dix pièces d'or ?

— Dix pièces d'or.

— Et que paries-tu ?

— Je parie que demain matin à ton lever tu auras un gros bouton sur la fesse droite.

— Pari tenu.

Le lendemain matin, après une nuit d'agacement, le calife se réveilla et constata qu'il n'avait rien sur la fesse droite, ni d'ailleurs sur la gauche. Il fit appeler Osmane et lui annonça qu'il avait perdu, et se retira modestement.

Le soir même le calife apprit qu'Osmane donnait une fête plus somptueuse encore que la première. Il le convoqua et lui demanda, assez mécontent, les raisons de cette surprenante réjouissance.

— Oh, c'est très simple, lui répondit Osmane. J'avais parié cinquante pièces d'or avec ton vizir et j'ai gagné.

— Et qu'avais-tu parié ?

— Que ce matin, s'il venait assez tôt, et se cachait derrière une tenture, il verrait le calife me montrant son arrière-train.

Dans l'Évangile, que ce soit dans ses recommandations ou ses paraboles, Jésus invite à dépasser la simple observance de la règle. Il en appelle à notre ingéniosité, à notre inventivité dans le bien : Fais à autrui ce que tu voudrais bien qu'il te fasse. C'est à toi de te faire le prochain de celui que tu rencontres. Soyez plus habiles encore dans le bien que les fils des ténèbres ne le sont dans le mal, etc.

Le renard sans pattes

Un jour, un paysan vit passer sur son chemin un renard sans pattes qui, à part ça, avait bonne mine.

— Ça alors ! Il faut que je sache comment il se débrouille pour trouver sa pitance, celui-là !

Il le suit, se met à l'affût, le voit se poster sur l'aire des repas du lion. Et quand le lion, repu, s'en va digérer plus loin, le renard vient lécher les os et grignoter ses restes. L'homme trouve à son goût l'idée de s'en remettre à ce genre de Providence, décide de se placer à son tour au bon endroit et s'installe à mendier au coin d'une rue. Mais rien ne vient. Les jours passent. Il s'affame, il maigrit, il s'affaiblit. Quand un jour il entend grogner à son oreille :

— Pourquoi prends-tu la place d'un renard estropié ? Pourquoi ne pas être le lion ? Les autres pourraient au moins profiter de tes restes.

Parfois on se pose la question : tout le monde arrive au 31 décembre, certains en prenant la vie du bon côté, et d'autres en ne sachant pas où donner de la tête. Comment cela se fait-il ? À quoi bon se donner tant de mal alors que bien des personnes iront au paradis sans se faire autant de souci ?

Les Pères de l'Église racontaient cette histoire : un ermite, un saint moine, demande au Seigneur la grâce de connaître un sauvé. Dieu lui indique d'aller se poster près de la porte de la ville qui ouvre sur l'est. Le premier homme qu'il verra entrer sera à coup sûr sauvé. Le saint ermite part à son poste de guet. Et quelle n'est pas sa surprise de voir entrer le plus grand des bandits de la région. Il se dit alors que par rapport à cet homme, son solde à lui de bonnes actions et d'exercices de piété est largement positif ; il peut bien se donner du bon temps, et compenser toutes ces années de sacrifices.

Seulement voilà : à l'heure du jugement, le bandit fut reconnu juste tandis que celui qui avait commencé ermite ne fut pas admis au Ciel. Pourquoi ? Parce que nous sommes sauvés par l'amour, et ce va-nu-pieds qui terrorisait la région avait cultivé un amour plein de prévenance pour sa maman. Et, vu les influences qu'il avait subies, Dieu ne pouvait pas lui demander plus. En revanche, l'ermite aurait dû déployer toutes les grâces reçues de par son éducation et sa connaissance de l'Évangile. Si nous sommes renard estropié, soyons-le vraiment. Si nous sommes lion, soyons-le à fond.

Pour une caresse

Chaque jour, des parents confiaient à leur jeune garçon le soin d'aller faire manger la chèvre. Et tous les soirs, elle revenait visiblement rassasiée, épanouie,

BON, MA PETITE MAMAN JE DOIS TE LAISSER
LES COPAINS M'ATTENDENT POUR FAIRE LE HOLD-UP...
BIEN MON PETIT COCO, MAIS COUVRE-TOI BIEN ET NE FAIS PAS D'IMPRUDENCES !...

et surtout pleine de bon lait crémeux, savoureux. À vrai dire, le garçon ne s'inquiétait pas tellement de la chèvre. Il préférait grimper aux arbres, faire du feu, bâtir des cabanes et explorer la forêt. Mais un jour il eut la curiosité de savoir où sa chèvre partait brouter. Il grimpe dans un arbre et la surveille discrètement. Dès qu'il la voit partir, il saute de l'arbre et court après elle. Car elle gambade vite. Elle s'enfonce dans la forêt. Il a du mal à la suivre. Sa veste s'accroche aux buissons. Il finit par perdre ses sandales. Il se blesse méchamment au genou. Mais il ne la perd pas de vue. L'un et l'autre continuent de courir.

Finalement, il la voit disparaître entre deux rochers. Il la suit et se retrouve alors dans un endroit merveilleux, plein de lumière, exubérant de verdure, de fontaines, de couleurs. Il comprend qu'il vient de trouver une entrée secrète au paradis. Généreux, il pense aussitôt qu'il va pouvoir aller le dire à sa famille et même à tout le village. Mais un ange saisissant sa pensée lui dit qu'il ne peut pas sortir du paradis.

— Et la chèvre alors ?

— Elle ne parle pas, elle.

Et comme l'ange lui assure qu'il peut lui confier un message, il sort de sa poche un crayon et un bout de papier sur lequel il écrit : « J'ai trouvé l'entrée du paradis, suivez la chèvre, elle vous y conduira. »

Il roule le papier du mieux qu'il peut et le coince derrière l'oreille de la chèvre en se disant que, dès qu'ils la caresseront, ils trouveront le message.

Ce soir-là, la chèvre revient toute seule au village. On s'inquiète, on appelle, on organise une battue, on finit par retrouver la veste accrochée à un buisson, les sandales, et quelques traces de sang. Mais pas l'enfant.

Rentré au village, on comprend qu'il ne reste plus qu'à organiser la cérémonie des funérailles. Pour cela il faut faire le sacrifice d'un animal. Ce sera la chèvre. Et c'est en lui tranchant la gorge que l'on voit tomber le message.

Trop tard, une simple caresse les aurait conduits au paradis.

Que jamais ne nous manque un geste de tendresse pour nous conduire au bonheur.

7

La vie d'espérance

Charles Péguy, dans *Le Porche du mystère de la deuxième vertu*, fait comprendre la vertu d'Espérance :

Singulier peuple : toute eau leur est une source vive.
Toute eau qui tombe leur devient une eau courante.
Par le ministère de l'espérance.
Toute eau, toute eau mauvaise leur devient eau potable.
Les eaux mauvaises les rendent souvent malades.
Les eaux mauvaises ne les empoisonnent jamais.
Ils boivent impunément de tout.
Par cette accointance qu'ils ont avec cette petite
Espérance.

Le pire n'est jamais sûr

C'est l'histoire d'un homme jeune et très sportif qui était au chômage. Un jour, sa femme attire son attention sur une offre d'emploi pour un parc animalier. Il téléphone et prend rendez-vous pour un entretien. Il a la surprise de découvrir que le travail consiste à remplacer le gorille du zoo qui vient de mourir. En faire venir un d'Afrique est trop long et trop coûteux. Le challenge l'amuse et lui plaît beaucoup. Il essaie le déguisement prévu. Il lui va comme un gant. On lui laisse une semaine pour visionner des documentaires sur les gorilles afin de se familiariser avec leurs mimiques, leur façon de se déplacer et de se comporter. Finalement, le jour de la grande rentrée arrive. Le voilà installé dans son emplacement. Débarque dans le zoo un car d'enfants pour une journée « classe verte. » Ils se mettent à lui lancer, qui une banane, qui un biscuit, qui des cacahuètes. Les enfants partagent volontiers et ne se préoccupent pas trop de l'heure suivante. Soudain, un enfant lui jette un caillou. Aussitôt, l'institutrice leur dit :

— Les enfants, reculez, reculez vite !

On sait que les gorilles peuvent devenir agressifs. En effet, il se baisse, ramasse le caillou. Mais au lieu de le jeter d'un air vengeur, il le lance à la manière d'un bouliste. Pour les enfants, c'est l'enthousiasme. Et s'ils n'avaient d'autres activités, ils resteraient à jouer avec ce si gentil gorille toute la matinée.

Une heure plus tard, arrive une cinquantaine de seniors d'un club du troisième âge. Alors là c'est l'émerveillement. Ces anciens ont l'impression que ce gorille comprend le parler humain. L'un d'eux se demande s'il sait faire de la balancelle. Et il fait de la balancelle. Un autre dit :

— Je crois qu'ils savent faire des roulades avant !

Et il fait des roulades avant… Emporté par l'enthousiasme de ces papys et mamys, il se défonce. À un moment donc, il en vient à jouer à Tarzan. Il saisit une espèce de liane et se lance dans le vide. Mais la liane casse et il atterrit dans la cage du lion. Celui-ci qui somnolait se plante sur ses quatre pattes en rugissant. Le gorille essaie de lui faire peur, mais le lion n'est absolument pas impressionné. Il pousse le gorille le dos au mur. On veut bien faire le singe même pour gagner sa vie, on veut bien jouer la comédie, mais on veut surtout sauver sa peau. Alors le gorille, d'une voix étouffée par l'émotion se met à crier : « Au secours, au secours »...

À ce moment-là, il entend le lion qui lui dit à voix basse mais avec autorité :

— Tais-toi, on va se faire licencier.

Quand nous rencontrons des personnes dont le cuir nous semble dur, pensons qu'il se cache peut-être sous l'apparence un cœur tendre dont nous n'avons rien à craindre.

Un prêtre sous la Révolution

Le père Bernard Bro, rappelant quelques pages de l'histoire de France, invite à relativiser les problèmes que rencontre l'Église aujourd'hui :

« Qu'ont fait d'autre tous ceux qui ont transmis la foi ? Je pense aux jeunes prêtres qui ont traversé la Révolution française. Imaginons un contemporain de Napoléon, c'est-à-dire un prêtre de la génération qui a immédiatement précédé le curé d'Ars.

Vues de près, cinq dates marquent les tournants : en 1789, il a vingt ans, il vient d'entrer au séminaire : c'est la Révolution. À peine a-t-il commencé ses études, en novembre 1790, c'est la première grande division dans l'Église : il faut prêter serment à la Constitution civile du clergé sous peine d'être poursuivi et chassé. Un tiers du clergé prête serment. C'est la rupture. Soixante évêques sont consacrés en dehors de la fidélité à Rome. Une Église nationale cherche à naître. Cela aboutira en 1792 à trois cents prêtres massacrés et trente mille exilés. Mais l'Église continue.

À vingt-quatre ans il est ordonné prêtre. 1793 : c'est la loi contre les suspects : ceux qui ne sont pas d'accord avec l'Église constitutionnelle doivent se cacher, et certains vivent dans des granges. Cette même année est voté le décret qui punit de déportation les évêques qui s'opposeraient au mariage des prêtres. Tout catholique devient un dissident politique. À Paris, deux cents évêques brûlent leurs lettres de prêtrise et apostasient. Deux mille vont se marier cette année-là.

Arrive 1802. Le jeune prêtre est vicaire. Il va pouvoir respirer : après six projets différents, un concordat est signé. Napoléon rétablit l'Église. Mais, juste pour ses quarante ans en 1809, tout se gâte à nouveau : Napoléon fait prendre le pape à Rome, et le constitue prisonnier. Alors le pape excommunie Napoléon. Pendant cinq ans, le pape est maintenu en prison avec interdiction de communiquer, ne gardant que trois personnes avec lui ; d'abord à Savone, puis pour mieux le surveiller, Napoléon le fait venir à Fontainebleau. Ainsi, au moment où, en pleine maturité, le prêtre devient responsable de paroisse, que doit-il faire : suivre Napoléon qui a rétabli l'Église, mais qui est excommunié, ou le pape qui est en prison[1] ? »

Est-ce que l'histoire intéresse l'Église ? Je ne sais pas. Mais la mémoire devenue humble, c'est-à-dire

1. Père Bernard Bro, *Surpris par la certitude*, tome III, Cerf, 1981, p. 123-124.

réaliste, permet l'action de grâce et l'espérance. Chaque jour à l'occasion d'un évangile ou d'une vie de saint, l'Église entre en eucharistie : que fait-elle alors ? Par la voix du Christ elle fait chanter cette petite parcelle du temps où le beau et le bon ont existé. Elle nous rappelle alors que le présent, à son tour, peut être porteur d'espérance.

Les singes sous la douche[1]

C'est l'histoire de singes qu'on regroupe dans la même pièce. Au centre, en hauteur, un régime de bananes. Ni une ni deux, les singes foncent dessus. Et voilà qu'au premier fruit saisi, une douche glacée s'abat copieusement sur tout le monde ! Une fois le calme revenu, les singes se dirigent à nouveau vers le régime. Re-douche. Après de nouveaux essais tout aussi mouillés et infructueux, plus un ne touche aux bananes.

On introduit un nouveau singe dans la pièce. Que fait-il ? Il fonce sur le régime, mais les « anciens » l'en empêchent violemment. Idem avec le suivant et le suivant…

À l'extérieur de la pièce, les expérimentateurs débranchent le mécanisme de la douche. Pour autant, les singes ne touchent pas davantage aux bananes et empêchent toujours aussi vivement les entrants de mettre la main dessus.

En début d'année, c'est l'heure des bonnes résolutions. Mais avec les ans, notre audace ou notre

1. Paru dans *Famille chrétienne*, n° 14 797, du 23 au 29 septembre 2006.

enthousiasme ont pu s'émousser : untel n'a pas changé, pensons-nous, la paroisse n'a pas évolué, il n'y a rien à attendre de tel collègue, l'annonce de la Bonne Nouvelle est impossible auprès de tel voisin ou de tel groupe.

Et si, ignorants, nous étions restés sur de vieux schémas dépassés ? Et si, mine de rien, l'environnement avait changé, la réceptivité de nos proches ou de la société avait bougé sur certains sujets ? Et si ce qui était impossible et frigorifiant hier devenait possible aujourd'hui ? Et si, réalistes, nos bonnes résolutions du nouvel an reprenaient le chemin de l'audace ?

Le secret de la grenouille

Il était une fois une course de grenouilles. L'objectif était d'arriver en haut d'une grande tour. Beaucoup de gens se rassemblèrent pour les voir et les soutenir. En fait, les gens ne croyaient probablement pas possible que les grenouilles atteignent la cime et toutes les phrases que l'on entendit furent de ce genre :

— Quelle peine ! Elles n'y arriveront jamais !

Beaucoup de grenouilles commencèrent à se résigner, sauf quelques-unes qui continuèrent de grimper. Et les gens répétaient :

— Quelle peine ! Elles n'y arriveront jamais !

Finalement, les grenouilles s'avouèrent vaincues. Toutes se désistèrent, sauf une. Les gens continuaient à dire :

— Elle n'y arrivera jamais. Elle sera sèche avant d'avoir atteint la moitié de la hauteur. Elle ne pourra plus s'agripper assez fortement !

Mais la petite grenouille, bien que toute seule, poursuivait. Un bond, puis un autre bond. Puis encore un autre. Enfin, et avec un énorme effort, elle rejoignit le haut de la tour. Les autres voulurent savoir comment elle avait fait.

L'une d'entre elles s'approcha pour lui demander comment elle avait fait pour terminer l'épreuve. C'est alors qu'elle découvrit qu'elle était sourde.

Morale de l'histoire : N'écoutez pas les personnes qui ont la mauvaise habitude d'être négatives car elles volent les meilleurs espoirs de vos cœurs !

Carotte, œuf et café ?

Une jeune femme rend visite à sa mère et lui dit que sa vie est tellement difficile qu'elle ne sait pas si elle peut continuer à vivre. Elle est fatiguée d'avoir à se battre tout le temps. Il semble qu'aussitôt qu'un problème est réglé, un autre apparaisse. Elle est découragée. Sa mère l'écoute puis l'amène dans la cuisine. Sa fille la voit remplir trois grosses casseroles d'eau et les placer sur la cuisinière à feu vif. Bientôt, l'eau commence à bouillir. Dans la première casserole, la maman jette des carottes. Dans la deuxième, elle met des œufs et, dans la troisième, des grains de café. Elle les laisse bouillir sur le feu sans dire un mot. Au bout de vingt minutes, elle sort les carottes et les dispose sur une assiette. Elle sort les œufs et les met dans un bol. Et, dans un pot, elle verse l'eau en filtrant les grains de café. Se tournant vers sa fille, elle lui demande :

— Dis-moi, que vois-tu ?

— Des carottes, des œufs et du café, répond sa fille.

La mère l'amène plus près et lui demande de toucher les carottes. La fille les touche et note qu'elles sont toutes molles, prêtes à devenir de la purée. La mère lui demande alors de prendre un œuf et de le casser. La fille enlève la coquille de l'œuf et observe qu'il est cuit dur. Finalement, la mère lui demande de goûter le café. La fille sourit en découvrant sa saveur et son arôme :

— Que veux-tu me dire, maman ?

Sa mère lui explique que chaque aliment a fait face à la même eau bouillante, mais que chacun a réagi différemment. La carotte y est entrée forte, dure et solide. Mais après être passée dans l'eau bouillante, elle a ramolli et est devenue faible. L'œuf était fragile avec l'intérieur fluide. Mais après être passé dans l'eau bouillante, son intérieur est devenu dur. Les grains de café, eux, ont réagi de façon unique : plongés dans l'eau bouillante, ils ont changé l'eau.

— Lorsque l'adversité frappe à ta porte, comment réponds-tu ? Es-tu carotte, œuf ou grains de café ?

Suis-je une carotte qui semble forte mais qui, dans l'épreuve et l'adversité, devient molle et perd sa force ? Suis-je un œuf qui commence avec un cœur malléable, mais qui, dans les moments difficiles, devient dur et inflexible ? (Sa coquille ne change pas, mais son intérieur se durcit.) Ou bien suis-je comme des grains de café qui, dans l'épreuve, donnent toute leur saveur ?

Le décalogue de la sérénité de Jean XXIII

En 1972, dans un coin perdu de l'île de Guam, dans l'océan Pacifique, on découvrit un soldat japonais qui se cachait depuis la guerre entre le Japon et les États-Unis. Il vivait là, seul, terré dans la jungle, en croyant la guerre toujours en cours. La paix régnait depuis vingt-sept ans, et il n'en savait rien. Imaginons cela : vingt-sept ans d'une vie de bête sauvage, dans la peur continuelle d'être capturé ou tué. Sur la terre, des multitudes ignorent aussi que, depuis deux mille ans, la paix entre Dieu et l'homme a été signée. Le Fils de Dieu est venu dans ce monde pour accomplir le grand plan de Dieu : pardonner aux hommes révoltés contre lui.

« Il a fait la paix par le sang de sa croix. » N'agissons pas comme ce soldat japonais. Cessons de vivre dans la crainte et saisissons la paix qui nous est offerte. L'Esprit nous donne la paix non pas de façon magique mais à la mesure de notre volonté. C'est pourquoi voici *Les dix commandements de la sérénité* selon le pape Jean XXIII :

1. Rien qu'aujourd'hui, j'essaierai de vivre ma journée sans chercher à résoudre le problème de toute ma vie.

2. Rien qu'aujourd'hui, je prendrai le plus grand soin de me comporter et d'agir de manière courtoise ; je ne critiquerai personne et je ne prétendrai corriger ou régenter qui que ce soit, excepté moi-même.

3. Aujourd'hui, je serai heureux, rien qu'aujourd'hui, sur la certitude d'avoir été créé pour le bonheur, non seulement dans l'autre monde, mais également dans celui-ci.

4. Rien qu'aujourd'hui, je me plierai aux circonstances, sans prétendre que celles-ci cèdent à tous mes désirs.

5. Rien qu'aujourd'hui, je consacrerai dix minutes à une bonne lecture en me rappelant que comme la nourriture est nécessaire à la vie du corps, de même la bonne lecture est nécessaire à la vie de l'âme.

6. Rien qu'aujourd'hui, je ferai une bonne action et je n'en parlerai à personne.

7. Rien qu'aujourd'hui, j'accomplirai au moins une chose que je n'aurai pas envie de faire ; et si l'on m'offensait, je ne le manifesterais pas.

8. Rien qu'aujourd'hui, j'établirai un programme détaillé de ma journée. Je ne m'en acquitterai peut-être pas, mais je le rédigerai. Et je me garderai des deux calamités : la hâte et l'indécision.

9. Rien qu'aujourd'hui, je crois fermement que la Providence de Dieu s'occupe de moi comme si rien d'autre n'existait au monde.

10. Rien qu'aujourd'hui, je n'aurai aucune crainte. Et tout particulièrement, je n'aurai pas peur d'apprécier ce qui est beau et de croire à la bonté.

Je suis en mesure de faire le bien pendant douze heures, ce qui ne saurait me décourager, comme si je me croyais obligé de le faire toute ma vie durant.

Instant présent

Un moine raconte un fait qui l'a marqué dans sa jeunesse juste au moment des grands choix. Il était en faculté. Il se posait la question d'entrer au monastère, et plus précisément chez les cisterciens, dans la vie trappistine. Il profite d'une semaine de vacances pour aller faire une retraite à la Grande Trappe. Or, juste ces jours-là, un vieux moine vient de mourir. Les cisterciens n'utilisent pas de cercueil. Ils exposent le corps de leurs défunts sur un drap blanc dans la nef de leur église. Mais, coïncidence étonnante, entre la mort du frère moine et ses funérailles le surlendemain, était prévue une cérémonie de vœux perpétuels pour un jeune frère. Les moines, au lieu de reporter cette célébration y voient l'occasion d'un bel enseignement pour la communauté ainsi que pour les familles et les amis.

Imaginons la scène : le vieux moine qui vient de trépasser, les mains jointes, le visage tourné vers le ciel. Juste à côté, le jeune moine étendu de tout son long pendant la litanie des saints, le visage tourné vers le sol. Le père abbé l'a fait remarquer dans son homélie : ces deux images superposées expriment très exactement la vie de foi. Pour le chrétien, en effet, nous avons uniquement deux occasions de rencontrer Dieu : la mort et le moment présent...

Seuls deux instants sont importants : l'instant présent et l'instant de la mort. L'instant présent est le plus court chemin de la terre au ciel. L'instant présent est la seule durée à notre portée. D'ailleurs on l'appelle le « main-tenant » : étymologiquement, cela rappelle qu'il est la seule durée que la « main » puisse « tenir ». Tout le reste nous échappe. Il est inutile de se désoler du passé. Il est inutile de s'angoisser pour l'avenir. Le « maintenant », l'aujourd'hui est un présent de Dieu, un présent royal.

Comment le vivre ? Voici cinq pistes possibles :

1. En éliminant les pensées poisons qui consistent à dire : « vivement ce soir » ; « vivement le week-end » ; « vivement les vacances » ; « vivement la retraite ».

2. En utilisant les « trois mots de la miséricorde » : POUR LE MOMENT.

– « Je n'y arriverai jamais »... pour le moment.

– « Ce n'est pas pour moi »... pour le moment.

– « Je ne peux pas lui pardonner »... pour le moment.

– « Il m'est impossible de lui parler »... pour le moment.

POUR L'INSTANT ÇA VA ... POUR L'INSTANT ÇA VA... POUR L'INSTANT ÇA VA... POUR L'INSTANT ÇA VA...
PLUS PRÈS DE TOI MON DIEU...
PAROISSE St LUC
PÈLERINAGE ÉCLAIR

3. En bloquant l'émissivité de notre cerveau et en favorisant la réceptivité par la vue, l'ouïe, le toucher, le goût et l'odorat. Au lieu de laisser mes pensées m'angoisser et me déstabiliser, laisser venir les belles sensations en touchant un tissu, en appréciant l'eau qui coule sur mes mains, en fixant un beau paysage, en respirant à fond, en humant un bon parfum, en savourant les aliments que j'ai la joie de manger.

4. En anticipant, en m'organisant. Ainsi je vais éliminer les angoisses à l'idée d'être pris au dépourvu.

5. En demandant le secours de la Vierge Marie. Avez-vous remarqué que le Je vous salue, dans son étonnante simplicité et son immense sagesse, nous fait demander de l'aide pour réussir ces deux moments, les deux seuls qui vaillent la peine : le « maintenant » et « l'heure de notre mort » ?

8

La vie de prière

Un bloc de prière

Jean-Paul II avait le génie des gestes qui touchent les cœurs : embrasser la terre en arrivant dans le pays, prendre un bébé dans ses bras, embrasser un enfant malade du sida, jouer avec sa canne à la manière de Charlot devant quatre millions de jeunes réunis aux JMJ de Manille. Mais ce qui frappait le plus, c'était peut-être sa façon d'entrer et de rester en prière, que ce soit dans sa chapelle privée quand on allait à sa messe au petit matin, ou devant des millions de fidèles. André Frossard a écrit : « Le pape, agenouillé, me paraissait gigantesque. Sa pèlerine, posée sur ses larges épaules, me faisait penser à une montagne enneigée et je n'arrivais pas à concevoir comment ce géant avait pu enfiler un si petit bout de tissu… J'étais en présence d'un massif de prière. »

En observant le déploiement d'énergie de Jean-Paul II, on peut penser que c'était là son secret. La prière lui permettait d'être si actif, si présent à tout ce qu'il faisait, et si humble. C'est lui-même qui a raconté à André Frossard cette anecdote :

« Le pape prie et demande à Dieu :

— Seigneur, la Pologne retrouvera-t-elle un jour sa liberté ?

— Oui, répondit Dieu, mais pas de ton vivant.

Alors le pape continue :

— Seigneur, mais après moi, y aura-t-il encore un pape polonais ?

— Pas de mon vivant, répondit Dieu. »

Durant un concert, Jean-Paul II cita, en parlant de la beauté de la musique, les phrases de saint Augustin : « Celui qui chante prie deux fois. »

Après le concert, le pape échangeait quelques mots avec l'ambassadeur des États-Unis auprès du Saint-Siège.

— Oui, les prêtres doivent beaucoup chanter à l'église, même si cela ne leur réussit pas.

— Et Votre Sainteté chante-t-elle bien ?

— Eh bien, lorsque je chante, je ne prie qu'une seule fois, répond le pape.

Le 13 mai 1981, le terroriste turc Ali Agça tenta de l'assassiner. Au lendemain de l'attentat, les premiers mots du pape, grièvement blessé, furent : « Nous n'avons pas encore récité les complies ? »

Trois jours plus tard, via la radio, Jean-Paul II récita l'Angélus avec les fidèles. Il dit ensuite : « Priez pour ce frère qui m'a tiré dessus et à qui j'ai déjà pardonné. »

Il était d'abord un « bloc de prière ».

Dire merci

Est-ce que vous avez remarqué que certaines personnes ont facilement le tempérament râleur ? Elles ne sont jamais contentes. Rien ne va. Tout le monde leur veut du mal. Personne ne trouve vraiment grâce à leurs yeux. En général, ces personnes ne savent pas dire merci. Offrez-leur quelque chose : elles réagissent comme si vous le leur deviez, comme si c'était normal. Quand on ne sait pas dire merci, on se prive de beaucoup. On se prive de l'émerveillement, on se prive de la joie. On risque bien de passer à côté de l'affection que les autres nous portent et dont leurs cadeaux ne sont que les symboles.

Vis-à-vis de Dieu, c'est la même chose. Notre prière doit être avant tout un merci, une action de grâce, une bénédiction. Il n'y a pas de recette. La recette, c'est qu'il faut le faire, il faut y aller, il faut plonger dans la louange et l'action de grâce. Il est non seulement juste de remercier, mais aussi bon. On peut aussi simplement utiliser nos mots. Ne recherchons pas un langage théologique, il ne faut pas avoir peur d'être un peu direct avec Dieu.

Supposons : un homme vient de mourir et arrive à la porte du paradis. Saint Pierre lui ouvre et Jésus le reçoit. Mais avant de le faire entrer avec tous les saints du ciel, il lui fait visiter le vestiaire, le vestibule. Et là notre homme voit un véritable tri postal avec des étagères partout. Il les parcourt du regard et il a une énorme surprise : il voit un casier marqué de son propre nom avec plusieurs colis postaux. Alors, il demande à Jésus :

— Mais qu'est-ce que c'est que tous ces paquets ?

Jésus lui répond :

— Ce sont toutes les grâces que tu m'as demandées et que tu n'es jamais venu chercher. En effet, tu m'as souvent fait des demandes et je t'ai exaucé, mais tu ne m'as jamais loué. Et pourtant, c'est dans l'action de grâce qu'il y a le billet d'expédition des grâces. Car, je peux donner, mais c'est inutile si personne ne reçoit. Dans la louange, il y a dix fois plus de grâces que dans la première demande. Et tous ces paquets postaux sont restés là alors qu'ils étaient pour toi.

Décidons de faire de notre prière avant tout une louange. Et bientôt, nous verrons arriver nos Chronopost en direct du Ciel. « Le Seigneur habite les hymnes d'Israël » ; « Heureux le peuple qui connaît l'ovation » !

Ingrid Betancourt

Au début du mois de juillet 2008, le témoignage d'Ingrid Betancourt a été exposé au monde entier. Deux mille trois cent vingt et un jours passés dans la jungle aux mains des FARC : six ans et presque cinq mois. L'ex-otage a décrit sa vie dans la jungle, parlant d'« un plafond vert, une muraille d'arbres », des marches forcées. Elle a eu des chaînes tout le temps, vingt-quatre heures sur vingt-quatre, pendant trois ans. Elle a souffert d'une série de maladies qui se sont accumulées. Elle a été victime de sévices.

Mais sa foi impressionne. Elle est allée remercier Dieu au Sacré-Cœur, à Lourdes, rue du Bac, à Notre-Dame de Guadalupe et à Rome. Elle a expliqué comment la foi lui a permis de rester humaine sans être dévorée par la haine :

« La seule réponse à la violence, c'est une réponse d'amour. [...] Ce que j'ai découvert, c'est qu'on peut être mené à haïr une personne. À la haïr de toutes ses forces dans notre être et, en même temps, de trouver le soulagement de cette haine par l'amour. On ne peut pas aimer quelqu'un qui vous fait du mal. Mais on peut trouver – et moi je le trouvais dans le Christ – une assise, comme un tremplin. Je me disais : pour toi, Seigneur, je ne vais pas dire que je le déteste. Le fait de ne pas avoir ces mots de haine dans la bouche était un apaisement. Parfois, je voyais arriver un guérillero, cruel, abominable. Il venait s'asseoir devant moi et j'étais capable de lui sourire parce que j'avais dit dans mon cœur : Bénis-le, Seigneur. »

Elle recevait par radio tous les messages de soutien venus d'Europe. Mais elle souffrait de la faim, du froid, du manque d'hygiène, du désœuvrement, et de ne pas voir ses enfants. Elle a pardonné à ceux qui lui ont fait tant de mal.

Un hebdomadaire a écrit avec humour : « Ingrid Betancourt, soutenue par l'intelligentsia marxiste, la gauche caviar et le Paris people et bobo, libérée par l'armée et le président de son pays, tous deux suspects d'anticommunisme primaire, donc de fascisme, se retrouvant, d'un coup, icône de la prière publique, symbole de la dévotion à Marie, la femme au chapelet – la seule chaîne qu'elle accepte –, n'est-ce pas la manifestation tangible de l'humour de Dieu ? »

Elle a raconté comment elle est passée d'une foi héritée à une foi vivante, comment elle est entrée dans un dialogue constant avec Dieu à travers l'Évangile, comment elle est tombée en amour devant la Vierge Marie alors qu'elle ne comprenait pas la dévotion mariale de son papa. Elle trouvait Marie un peu simplette. Elle a découvert « une Marie forte, une Marie intelligente, une Marie sensationnelle » ! On peut se laisser enlaidir par la douleur. On peut aussi, grâce au Seigneur, en faire un tremplin vers plus de vie.

Même les moines !

Le père Marie-Dominique Philippe, fondateur des Frères et Sœurs de Saint-Jean, raconte qu'il a connu un cistercien, abbé de Cîteaux, qui avait découvert l'adoration comme la rencontre de la petite créature intelligente avec son Créateur et Père. C'était un converti qui auparavant avait été vétérinaire dans l'armée ; les derniers chevaux de l'armée française avaient là comme vétérinaire quelqu'un de très bien, mais qui avait complètement perdu le sens de Dieu au cours de ses études.

« Dis-moi qui tu fréquentes et je te dirai qui tu es »... Si on fréquente trop les animaux, au bout d'un certain temps on sait ce qu'on devient ! Un petit enfant élevé par une louve, on le retrouve marchant à quatre pattes... ce qui montre combien la mère, l'amour maternel, est nécessaire pour éveiller l'intelligence. Si on comprenait cela, on comprendrait combien l'adoration est nécessaire pour délier notre intelligence, enlever tous les faux nœuds et nous mettre en présence de Dieu (comme dans un bain de soleil pour notre âme), tout proches de lui.

Revenons à ce vétérinaire converti qui était entré à l'abbaye de Cîteaux, mené par le Saint-Esprit et persuadé qu'il allait trouver là une communauté vraiment contemplative. Je l'entends encore me dire :

— Quand j'étais novice, au bout de quelque temps, je me suis dit : Tous ces moines sont merveilleux, ce sont d'excellents travailleurs, des travailleurs de la terre et qui ont une porcherie magnifique – ils gagnent toujours les premiers prix dans les concours de porcs –, mais on n'est pas cistercien pour élever des porcs ! Ce n'est pas l'idéal du moine.

Alors il a dit au Saint-Esprit :

— Tu m'as trompé. Je croyais entrer dans une communauté contemplative, et voilà que je suis entré dans une communauté de travailleurs merveilleux, consciencieux, aimant leur travail ; mais le matin, quand ils se lèvent très tôt et qu'ils doivent adorer, prier, ils s'endorment parce qu'ils sont fatigués. Tu ne les condamnes pas, certes, et tu aimes leur sommeil parce que c'est le sommeil des travailleurs... mais une trappe n'est tout de même pas faite pour cela ?

Alors le Saint-Esprit lui a répondu :

— Tais-toi, ne juge pas ; tu es novice, ne juge pas.

Des années se sont écoulées, et peu de temps après sa profession perpétuelle on l'a élu abbé. À ce moment-là il est revenu au Saint-Esprit pour l'interroger et le Saint-Esprit lui a dit :

— Tu diras à chacun de tes moines en particulier (il faut que tu les voies tous, successivement, seuls), en le regardant bien :

— Tu dois adorer sept fois par jour.

Ils te répondront :

— Mais je suis au chœur sept fois par jour !

— Ce n'est pas suffisant. Là tu obéis à la cloche, mais ce que je te demande, c'est d'obéir au Saint-Esprit, de faire un acte qui te soit propre : adorer sept fois par jour. En te levant (tout de suite), le soir aussitôt avant de te mettre au lit, et à midi, et deux fois dans la matinée, et deux fois dans l'après-midi : cela fera sept.

Cet abbé a donc fait cela pour tous ses moines… et en six mois, m'a-t-il raconté, cette trappe de travailleurs est devenue une trappe d'adorateurs du Père.

Difficile discernement

Une amie scientifique explique avec autodérision que des chercheurs qui cherchent, on en trouve, mais des chercheurs qui trouvent, on en cherche.

Un chercheur de vérité, patient, acharné, gravissait jour après jour la montagne au sommet de laquelle il espérait trouver. Sur la paroi abrupte et vertigineuse, il taille chaque marche, et chaque marche après l'autre se dérobe sous le pas qui la quitte, et l'oblige ainsi à toujours monter sans espoir de retour. Il arrive enfin au sommet, le ciel sur la tête, la brume à ses pieds posés sur cette pointe de sa terre. Et là, à ses pieds justement, une échelle est couchée. Comment dresser cette échelle qu'on ne peut appuyer nulle part ? On ne peut rien enfoncer dans le sol rocheux. Et que fait cet homme sur cette cime ? Peut-être réfléchit-il ? Peut-être désespère-t-il ? Peut-être prie-t-il ? Enfin il trouve. Il se dresse, lui, bien droit, et pose l'échelle debout appuyée contre son dos. Alors un ange apparaît en haut de cette échelle et descend.

Une fois qu'on a fait tout ce qu'on a pu, il faut attendre l'aide, attendre l'ange, qui, sûrement, lui, n'attend que ça.

NOUS SOMMES EN TRAIN DE RECHERCHER UNE NOUVELLE ESPÈCE DE CHERCHEURS QUI TROUVENT
ET ALORS ?
BEN, ON CHERCHE...
GUÉZOU

Un vieux prêtre disait à un jeune confrère qui passait une période difficile où il se posait mille questions sur sa vocation :

— La grâce du Christ est seule nécessaire. Et l'intercession de la Vierge Marie. La grâce du Christ n'est pas « matérielle », elle est toujours « personnelle », c'est-à-dire « au creux de ta personne ». Ce n'est ni un boulet, ni une chaîne. Ce n'est ni un reproche, ni une amnistie... Il ne dit rien ou bien il rouspète, selon ce que ta liberté peut recevoir de lui, et il t'aime absolument : capable de se faire petit à l'extrême si telle était la place qui lui restait, capable de se dilater tellement qu'il dilaterait ton cœur même, pour y exister à sa propre mesure, mais en tout cas incapable d'en sortir et de déserter ton cœur : non, il l'a promis. Il peut aussi rester en silence très longtemps sans même être déçu, comme il peut parler en ouvrant les Sources de la Sagesse.

Espérance rime avec persévérance.

La prière juste

Saint Nicolas, excellent pasteur, avait souci de ses ouailles et veillait à ce que tous et chacun honorent père et mère, suivent bien les offices, chantent comme il faut les cantiques, restent pieux et fervents. Et tout se passait assez bien. Son troupeau se tenait en bonne santé.

Pourtant, sur une île, un jeune berger aussi laineux de tignasse que ses moutons, ne suivait pas le même chemin et restait loin de toutes les enluminures d'église. Nicolas en était contrarié. Il aimait bien ce gamin et aurait bien voulu qu'il monte comme les autres tout droit au paradis. Mais celui-ci ne savait que jouer du flûtiau, en répétant au Ciel sur ses quelques notes que, « s'il vous plaît, là-haut, on le laisse se débrouiller tout seul et qu'on ne s'occupe pas de lui ». En bref, « Ne m'aide pas, Seigneur » était sa litanie.

Nicolas décide un beau jour – car enfin, ce n'est pas ainsi qu'on prie – d'aller l'après-midi, en guise de sieste, apprendre au petit comment faire et comment dire, à commencer par le Notre Père. Tous deux assis l'un contre l'autre, gentiment, le derrière dans l'herbe, ânonnent vainement, l'un par patience, l'autre par bonne volonté. Et les jours se suivent sans que rien entre dans cette caboche trouée. Fatigué, un soir comme tant d'autres au soleil couchant, Nicolas reprend sa barque pour rentrer chez lui. Il est au milieu de l'immense lac quand il voit le garçon courir tout droit vers lui bien debout sur les flots. Il lui crie des mots que d'abord il n'entend pas dans le bruit de ses rames. Mais les bras lui en tombent et les rames aussi. Le gamin s'approche et lui demande :

— Père Nicolas, c'est quoi, déjà, après « donnez-nous aujourd'hui notre pain » ? Notre pain de quoi ? Ça ne veut pas me rester dans la tête.

— Ne cherche pas ! Surtout ne cherche pas, va ! Ton pain te suffit bien. Si ta prière à toi te fait marcher sur l'eau, c'est qu'elle est bonne. Retourne à ton flûtiau et prie pour moi, petit !

La connaissance ne se réduit pas au savoir.

Un peu de Souffle pour descendre l'escalier en colimaçon

« Ta vie vaudra ce que vaut ton oraison », disait Marthe Robin, la stigmatisée de Chateauneuf-de-Galaure. La vie moderne nous retient au balcon : nous pouvons passer notre temps à regarder défiler les événements de l'actualité. Est-ce un idéal vraiment formidable ? La vie chrétienne invite à quitter le balcon pour emprunter l'escalier en colimaçon qui nous permet de descendre dans le sanctuaire où seul Jésus peut entrer.

Comment faire cette démarche concrètement ? Dom Denis Huerre, qui fut maître général de l'ordre des cisterciens, a écrit : « Respirer à fond, là est la question. Respirer cet air qui, dans la Bible, s'appelle le Souffle de Dieu. Prier, c'est respirer longuement, c'est vivre dans la profondeur. » Chaque personne forme une unité substantielle. Tout est profondément lié, le spirituel, le mental et le physique. Ainsi l'oraison quotidienne peut s'enraciner dans cette unité de l'être et se dérouler en trois temps.

Pendant quelques minutes, je pense au geste créateur de Dieu tel qu'il est décrit dans le deuxième chapitre de la Genèse : Dieu souffle dans les narines de la statue d'argile qu'il vient de sculpter patiemment et amoureusement. En inspirant lentement, je remplis mon âme de l'Amour du Père qui Souffle l'Haleine de Vie, tout en me disant que *Dieu aime tellement Pierre qu'Il lui donne* LA *vie. À cet instant et à chaque instant.* Et je prononce les deux syllabes de la prière intime de Jésus en inspirant et en expirant : AB-BA.

Ensuite, pendant quelques minutes, je pense à l'apparition de Jésus ressuscité le soir de Pâques telle qu'elle est décrite par saint Jean dans son Évangile au chapitre 20, versets 19 à 23. « Il souffla sur eux, et leur dit : Recevez l'Esprit-Saint. » En inspirant, je remplis mon âme du Souffle de Jésus à la croix et au soir de Pâques : *Dieu aime tellement Pierre qu'Il le recrée, en lui donnant SA vie.* Vie pour vie. Et je prononce les deux syllabes : JÉ-SUS (« Dieu-Sauve »).

Dans un troisième temps, je me remplis de l'Esprit-Saint qui est le vent fécondant de Pentecôte. Il ne m'a pas appelé à ce temps de prière pour que je m'y fixe égoïstement, mais pour que j'y prenne un envol. *Dieu m'aime tellement que malgré ma faiblesse, il compte sur moi, il a voulu avoir besoin de moi pour transmettre SA vie.* Et je prononce lentement les deux syllabes : *RU-AH* (« souffle », « esprit » en hébreu).

Toute l'oraison consiste à demeurer ainsi dans l'amour du Père et du Fils et du Saint-Esprit. Sainte Élisabeth de la Trinité demande dans sa célèbre prière : « Aidez-moi à m'ensevelir en vous, immobile et paisible, comme si mon âme était déjà dans l'éternité. »

L'omnibus de la prière

Souvent, quand nous prions, nous ressemblons à ce paysan dont parle un ancien auteur spirituel, Dorothée de Gaza. Il a appris que le roi en personne le recevra. C'est l'occasion de sa vie : il pourra lui présenter de vive voix sa pétition, demander ce qu'il veut, assuré que tout lui sera concédé. Arrive le jour fixé, le brave homme, très ému, entre en la présence du roi, et que demande-t-il ? Un quintal de fumier pour ses champs ! C'était tout ce qu'il lui était venu en tête. Nous, disais-je, nous nous comportons quelquefois avec Dieu de la même manière. Ce que nous lui demandons, par rapport à ce que nous pourrions lui demander, est seulement un quintal de fumier, de petites choses, qui servent peu, et qui pourraient même se retourner contre nous.

Si vous êtes un habitué des laudes, office de prière du matin, ou des vêpres, office du soir, vous pouvez lire une simple phrase écrite en petits caractères, entre parenthèses, et en rouge, juste après la dernière des intentions de prières, et juste avant le Notre Père : « intentions libres ». Autrefois, quand le bréviaire était en latin, il y avait une intention qui commençait par « *Pro omnibus* », c'est-à-dire « Pour tous ». Un père abbé d'un monastère, qui a connu la liturgie d'avant le concile Vatican II, aime raconter cette anecdote : quand une personne lui demandait que la communauté prie pour elle, il répondait : « D'accord : on vous mettra dans l'omnibus ! »

L'intercession de la Vierge Marie

Saint Louis Marie Grignon de Montfort, dans son *Traité de la vraie dévotion*, se sert d'un passage fameux de l'Ancien Testament pour expliquer la place de la Vierge Marie dans nos vies. C'est à lire avec humour, dans un esprit bon enfant.

L'histoire du salut commence avec Abraham. Il est le premier homme sur terre à avoir su que Dieu est

Quelqu'un qui entre en dialogue avec l'homme. Abraham est le premier homme qui fait confiance totalement à Dieu. La bénédiction est transmise à son fils Isaac. Isaac épouse Rébecca. Rébecca lui donne des jumeaux. On considère que l'aîné c'est Ésaü. C'est lui qui doit recevoir la bénédiction.

Or, quand Blaise Pascal – trois mille ans plus tard – parle du Dieu de la Bible qu'il oppose au Dieu des philosophes, il parle du Dieu d'Abraham, d'Isaac et de… Jacob ! Que s'est-il passé ?

Ésaü est plus intéressé par la chasse que par la prière et les choses du Seigneur. Jacob, lui, est plus tourné vers le spirituel. Et il désire cette bénédiction. Un jour qu'Ésaü rentre de la chasse affamé, Jacob lui propose un délicieux plat de lentilles en échange du droit d'aînesse. Ésaü accepte mais pour que Jacob ait vraiment la bénédiction, il faut encore que le Père la lui donne.

Alors, Rébecca entre en scène. Isaac est très vieux. Il est aveugle et ne peut pas bouger très loin de sa chaise. Ésaü est reparti à la chasse.

Il est le roi des barbus, pas seulement dans la chanson, mais en réalité. Il est recouvert de poils alors que son frère jumeau n'est pas imberbe mais beaucoup moins velu. Rébecca coud à son fils des peaux de chevreau qu'il met sur ses avant-bras. Et Jacob fait semblant d'être Ésaü qui rentre de la chasse. Le vieil Isaac lui dit :

— Déjà ? Tu es déjà là ? Approche, mon fils… C'est curieux, ta voix n'est plus la même. Approche.

Isaac tâte les avant-bras de son fils.

— C'est curieux, c'est plutôt la voix de Jacob mais c'est bien la peau d'Ésaü…

Et il lui donne la bénédiction. Quand Ésaü l'apprendra, il sera furieux et Jacob devra fuir sa colère. Mais c'est fait.

Voilà comment saint Louis Marie Grignon de Montfort se sert d'un passage de roublardise pour nous expliquer la place de la Vierge Marie. C'est une excellente chose de désirer la bénédiction du Seigneur. Ce devrait être notre première occupation, notre seule obsession. La Vierge Marie, dit saint Louis Marie, est la maman Rébecca qui met à la place de Jésus son fils aîné. Ainsi, nous recevons la bénédiction du Père. Nous recevons le même Esprit-Saint que lui, la même onction, la même grâce.

9

Résurrection ou réincarnation ?

Quand l'un de nous meurt, inévitablement cette question nous traverse l'esprit : qu'est-ce que la mort ? La fin de tout ? La chute dans le néant ? Le début d'une autre vie sous une autre forme ?

Le père Amédée Besset, prêtre, poète, paléontologue, spécialiste de l'art photographique, a réalisé un montage sur la résurrection. Pour certaines diapositives, il a passé trois jours et trois nuits sans dormir pour observer et photographier le moment précis où les chenilles deviennent papillons. Les chenilles passent leur temps à manger. Par deux fois elles changent de peau. Et puis un jour, quand elles ont atteint leur ampleur définitive, elles s'enferment dans leur chrysalide ; elles paraissent mortes. Que se passe-t-il alors ? Le père Besset s'excusait d'avoir osé couper une fois une chrysalide avec un cutter. Il a vu quelque chose d'étonnant : l'équivalent de six ou sept gouttelettes d'un liquide semblable à du chocolat. (Il a même goûté pour savoir pourquoi sur cent chrysalides, une seule devient papillon à cause des intempéries bien sûr, mais surtout à cause des prédateurs : il semble bien que les guêpes en soient si friandes justement parce que c'est sucré.) Mais ce qui est incroyable est cette alchimie. Ce liquide informe va devenir un corps, des antennes très perfectionnées, des yeux hypersophistiqués, des ailes aux couleurs qu'aucun artiste ne saurait reproduire.

« Mystère, écrit le père Besset, de cette énergie informe qui travaille en secret. Une vie commence à palpiter vers le dixième jour. Une vie insoupçonnée, inouïe, qui se prépare lentement, une vie plus vaste, plus libérée, transfigurée. »

On comprend que le père Teilhard de Chardin ait dit que c'était la plus belle image de notre destinée. Comme la chenille rampante, l'homme se traîne sur la terre ; puis, comme la nymphe inerte dans son cocon, il dort dans la tombe ; comme le papillon, il renaîtra à la vie par la résurrection. Nous ne sommes pas condamnés à être plusieurs fois chenilles qui rampent et mangent. Nous sommes appelés à devenir papillons volant libres et beaux dans le Ciel de Dieu. Un jour nous laisserons notre corps, ce corps terrestre auquel nous sommes pourtant si attachés, mais notre âme sera pétrie de notre corps, imprégnée de ce que nous aurons vu, entendu, touché, fabriqué, senti, ressenti. Et nous entrerons dans une alchimie de lumière et d'amour pour recevoir un jour notre corps définitif, notre corps de ressuscité, notre corps glorieux.

Lors des obsèques à Nevers de Pierre Bérégovoy, une de ses filles a lu ce poème anglais, qui donne une autre image de la mort :

C'est ça, la mort :

« Je suis debout au bord de la plage. Un voilier passe dans la brise du matin et vogue vers l'océan. Il est la beauté, il est la vie. Je le regarde jusqu'à ce qu'il disparaisse à l'horizon. Quelqu'un à mon côté dit : "Il est parti !" Parti vers où ? Parti de mon champ de vision, c'est tout ! Son mât est toujours aussi haut. Sa coque a toujours la force de porter sa charge humaine. Sa disparition totale de ma vue est en moi, pas en lui. Et juste au moment où quelqu'un près de moi dit "il est parti", il y en a d'autres qui, le voyant poindre à l'horizon et venir vers eux, s'exclament avec joie : "Le voilà !" »

Il y a quelques années avait été diffusé un téléfilm bouleversant : *Ben n'aura jamais dix ans*. L'histoire peut toucher toutes les familles. Claire, Greg et leurs trois petits garçons hémophiles attendent joyeusement la naissance d'un quatrième enfant. Atterrés, ils apprennent que Ben, l'aîné, a le sida. Leur sentiment de révolte pousse ces mormons pratiquants à entourer Ben avec plus de tendresse encore et à essayer, en famille, d'accueillir non seulement les joies tremblantes des rémissions de la maladie mais aussi la joie immense de la naissance d'un bébé non hémophile. Mais ils vivent dans une tension constante, les séjours de Ben à l'hôpital devenant de plus en plus pénibles. Ils sentent qu'il faut préparer Ben à la mort. Greg, son père, explique à Ben que s'il meurt, il ne mourra pas tout entier :

— Tu vois ma main ? Elle est active, elle sait ce qu'elle fait. Elle est comme l'esprit

Puis il enfile un gros gant de travail.

— Mon gant la suit, mais ce n'est pas lui qui commande. Et si je l'enlève, ma main reste vivante.

Ben comprend et dit gravement :

— Si je meurs, mon corps sera comme le gant.

Ce qui est admirable dans cette scène, c'est sa sobriété.

Il y en a d'autres, à la fois poignantes et charmantes, comme celle où Ben lit à ses parents le testament par lequel il lègue à ses frères ses petits trésors, et celle où, à un visiteur d'hôpital, il dit :

— Tu m'aides maintenant. Quand je serai mort, c'est peut-être moi qui serai ton ange pour t'aider ?

Claire et Greg ne semblent pas avoir des idées claires ni sur la vision béatifique ni sur la communion des saints. C'est pourquoi cette intuition qu'a Ben de son rôle à venir est si frappante. Mais ce film est un chef-d'œuvre, une hymne à la vie.

Un dimanche de Pâques, un prêtre arrive à l'église, apportant une vieille cage rouillée. Sans rien dire, il la dépose sur l'autel, puis il revient au pupitre et se met à parler :

— J'étais en train de marcher en ville, hier, quand j'ai vu un petit garçon venant vers moi, balançant cette cage à oiseau. Dans le fond de celle-ci, il y avait trois petits canaris, tremblants sans doute à cause du froid qu'il faisait dehors. J'arrête le jeune garçon et je lui demande : Qu'est-ce que tu as là, petit ?

— Juste quelques vieux oiseaux, répond le garçon.

— Qu'est-ce que tu en feras ?

— Je vais les amener à la maison et m'amuser avec eux. Je vais les taquiner en leur enlevant leurs plumes pour qu'ils se battent entre eux. Je vais avoir beaucoup de plaisir !

— Mais, tu seras bien fatigué de ces oiseaux un jour ou l'autre. Qu'est-ce que tu en feras ?

— Oh, j'ai des chats, dit le jeune garçon. Et ils aiment bien les oiseaux. Je les leur donnerai.

Le prêtre reste silencieux un moment.

— Je sais bien que tu as volé ces oiseaux quelque part et qu'ils ne sont pas à toi, mais je vais les payer quand même. Combien pour ces oiseaux, petit ?

— Quoi ? Mais pourquoi les voulez-vous, monsieur ? Ce ne sont que de vieux oiseaux. Ils ne chantent pas. Ils ne sont même pas beaux !

— Combien ? lui redemande-t-il.

Le jeune garçon teste le père afin de savoir s'il est fou, en lui demandant :

— Cinquante euros ?

Le prêtre cherche dans sa poche et en sort un billet de cinquante euros. Il le place dans la main du jeune garçon. Et évidemment celui-ci ne demande pas son reste. Il part très rapidement. Le prêtre ramasse la cage et la porte doucement à l'extrémité d'une ruelle près d'un arbre. Il pose la cage sur l'herbe, il ouvre la porte et donne quelques petits coups sur la cage pour persuader les oiseaux de sortir. Il vient de les libérer. Ils sont vraiment libres.

Voilà qui explique la cage vide sur l'autel.

Le père raconte alors cette autre histoire :

Un jour, Satan et Jésus avaient une discussion. Satan revenait tout juste du jardin d'Éden. Il était tout guilleret et se vantait. Il ricana :

— Je viens juste d'attraper le monde entier. Mettez-leur un piège, je sais qu'ils ne pourront pas résister. Attrapez-les tous !

— Qu'est-ce que tu vas faire d'eux ? demande Jésus.

— Oh, je vais m'amuser avec eux ! Je vais leur enseigner comment haïr et abuser des autres, comment mentir et voler, comment ne penser qu'à soi, comment se moquer des autres, comment se passer de leur créateur, comment lui faire du mal. Je vais leur donner des idées pour inventer des fusils et des bombes pour tuer les autres. Je vais vraiment avoir beaucoup de plaisir !

— Et que feras-tu lorsque tu ne voudras plus d'eux ? demande Jésus.

— Oh, je vais les tuer ! réplique fièrement Satan.

— Je sais bien que tu leur as menti pour les voler, et qu'ils ne sont pas à toi, mais je veux quand même payer pour eux. Combien pour eux ? demande Jésus.

— Oh, tu ne peux pas vouloir de ces gens. Ils ne sont pas bons. Pourquoi tu les prendrais si tu sais qu'ils ne vont que te haïr ! Ils te cracheront dessus, ils te maudiront et te tueront. Tu ne peux pas les vouloir !

— Combien ?

Satan regarde Jésus en ricanant.

— Tout ton sang, ta vie.

— D'accord.

Et Jésus livra sa vie pour nous.

Ces deux histoires cruelles sont impressionnantes. Néanmoins le prix n'est pas payé à Satan qui n'a aucun droit. Dieu se fait en Jésus « goël » ou rédempteur, payant de sa personne et se substituant à l'humanité, répandant ainsi une miséricorde infinie pour engloutir nos péchés et toute l'iniquité de l'univers. Le prix n'est pas payé à quelqu'un, il est « exposé », manifesté, révélé. C'est la gloire de la charité qui fait fondre le péché comme neige au soleil : la satisfaction est offerte à Dieu et elle est la charité… qui vient de lui !

L'*Homo ressuscitatus*

Qu'est-ce que la résurrection de Jésus ? C'est un événement qui fait partie de l'histoire des hommes. Il a laissé des traces : le tombeau de Jésus a été trouvé vide et jamais on n'a pu montrer son squelette. On a toujours vénéré ceux de saint Pierre et de saint Paul. Mais celui de Jésus, pas possible. Il n'y a qu'un seul lieu dans le monde où Jésus n'est pas, c'est son tombeau à Jérusalem…

Mais c'est aussi un événement qui dépasse l'histoire. Le pape Benoît XVI, à Pâques 2006, a eu des expressions très audacieuses pour en parler : « Si une fois quelqu'un avait été réanimé, et rien d'autre, en quoi cela devrait-il nous concerner ? Mais précisément, la résurrection du Christ est bien plus, il s'agit d'une réalité différente. Elle est – si nous pouvons pour une fois utiliser le langage de la théorie de l'évolution – la plus grande "mutation", le saut absolument décisif dans une dimension totalement nouvelle qui soit jamais advenue dans la longue histoire de la vie et de ses développements : un saut d'un ordre complètement nouveau, qui nous concerne et qui concerne toute l'histoire […] Ainsi, nous sommes associés à une nouvelle dimension de la vie dans laquelle nous sommes déjà en quelque sorte introduits au milieu des tribulations de notre temps. […] La résurrection n'est pas passée, la résurrection nous a rejoints et saisis. Nous nous accrochons à elle, c'est-à-dire au Christ ressuscité. »

Pour rebondir sur les propos du pape, on peut donc dire qu'après l'*Homo erectus*, l'*Homo habilis*, puis l'*Homo sapiens*, puis l'*Homo sapiens sapiens*, grâce à Jésus, voici l'*Homo ressuscitatus*. Comment en faire partie ? Par la foi. Quand nous l'avons depuis le berceau, nous ne nous rendons peut-être pas tellement compte de la nouveauté qu'elle représente.

Fabrice Hadjadj

Prenons l'exemple d'un converti : Fabrice Hadjadj, jeune philosophe et écrivain issu d'une famille juive peu pratiquante. Ses parents étaient des militants d'extrême gauche, si « maoïstes » que, le jour de leur mariage, ils sont sortis de la mairie sous une haie d'honneur de « petits livres rouges » ! Son évangile, c'était Nietzsche. Il vivait dans le goût du morbide, dans le pessimisme en prenant plaisir à écrire des choses sombres, à l'instar de Céline : « L'amour, c'est l'infini à la portée des caniches. »

Puis, la lumière est venue par la Vierge Marie. Dans l'église Saint-Séverin, il s'était moqué des ex-voto qui entouraient une statue de Notre-Dame du Bon Secours : « Succès à l'examen », « Merci pour mon permis de conduire »... Une semaine plus tard, son père avait un malaise, sa famille était bouleversée, ils avaient peur qu'il meure. Il a alors couru vers Saint-Séverin et il a prié la Vierge – dont il s'était moqué – pour son père juif. Une sorte de paix est entrée en lui, comme jamais il n'en avait éprouvé. Il s'est senti intimement à sa place : un petit enfant faisant l'aveu de sa faiblesse et priant pour ses parents. C'était sa place, alors qu'il jouait au rebelle et qu'il s'intéressait bien peu à ses aînés. Ensuite, il va aller à la messe à Saint-Séverin tous les jours et découvrir la puissance des textes d'Isaïe, de saint Paul, et de l'Évangile. « Elle était là, la vraie révolution. »

Il dit aussi : « Seule la foi est vraiment démocratique. Nous sommes tous des petits enfants devant Dieu, et je peux parler du Christ avec un normalien aussi bien qu'avec une femme de ménage, ce qui n'est pas le cas pour Heidegger ou Nietzsche. Nous devons apprendre à faire battre notre cœur de contemplatifs. La société du spectacle propose, à travers la télévision, une parodie de contemplation. Nous sommes faits pour voir le réel. »

Maïti Girtanner

Maïti Girtanner a bouleversé des millions de téléspectateurs en parlant de la force du pardon dans l'émission télévisée de Jean-Marie Cavada, « La marche du siècle ». Peu après, à l'émission du « Jour du Seigneur », elle a révélé les ressources formidables de la volonté, de l'intelligence et de la foi capables de transcender la souffrance et de recréer une vie riche d'espérance et de fécondité.

À seize ans, elle est promise à une brillante carrière internationale de pianiste. Mais en 1940, c'est la guerre. Parlant parfaitement le français et l'allemand, la ligne de démarcation longeant la propriété de ses parents dans le Poitou, elle entre dans la Résistance. Elle a dix-huit ans. Pleine d'astuce, elle fait passer des centaines de personnes et du courrier ultra-secret en zone libre. Mais au bout de trois ans, elle est arrêtée et torturée par Léo, un bourreau médecin. Par de multiples atteintes au système nerveux sensitif de la moelle épinière, il la condamne à souffrir atrocement au moindre contact jusqu'à la fin de ses jours.

Elle en sort vivante. Mais même après huit années d'hôpital, elle continue à souffrir et ne peut plus jouer du piano. Elle devient professeur de philo et fait de l'accompagnement spirituel individuel.

En 1984, Maïti reçoit un coup de fil. Elle reconnaît tout de suite la voix de son bourreau : il a réussi à retrouver sa trace. Très malade et terrifié par la mort, il n'y a qu'une personne avec qui il souhaite en parler… Alitée à cause d'un accès de douleurs, Maïti s'entend répondre : « Venez. » Elle parle longuement de la mort avec Léo. Léo écoute et dit :

— Cela fait du bien ce que vous me dites. Mais êtes-vous sûre que Dieu peut recevoir quelqu'un comme moi ?

Maïti rectifie :

— Un homme qui a fait tant de mal.

Par ces mots, elle cherche à le mettre en vérité face à lui-même. Elle lui révèle que, depuis quarante ans, elle prie pour lui. Elle lui explique que l'amour de Dieu est tel qu'il peut tout transformer en amour.

— Que puis-je faire maintenant ? demande Léo.

— Cherchez au fond de vous-même le lieu où vous avez laissé Dieu habiter en vous, car Il habite en ses créatures même les plus enténébrées. Parlez à Dieu comme un enfant, et donnez de l'amour à tous ceux à qui vous le pouvez.

Puis Maïti se soulève et embrasse Léo :

— Je me suis sentie prise par un désir fou de prendre cet homme dans mes mains pour le déposer dans le cœur de Dieu, raconte-t-elle.

Léo a murmuré :

— Pardon.

Longtemps, Maïti a téléphoné à sa veuve pour la soutenir.

Claire Ly

Pourquoi offre-t-on des dragées à l'occasion d'un baptême ? À l'origine, les dragées étaient de petites confiseries faites à partir de lait et de miel. Cela devait donner une espèce de caramel. Dans la Bible, le peuple de Dieu a été libéré de l'esclavage d'Égypte et il a marché vers la Terre promise. Le voyage aurait pu durer seulement un mois. Mais Dieu voulait faire son éducation et lui apprendre la confiance. Aussi, le séjour au désert a-t-il duré quarante ans. Cela n'a pas été facile tous les jours. Mais une espérance les soutenait. Un jour, ils entreraient dans la Terre promise. Et cette Terre promise était décrite comme « ruisselante de lait et de miel ». Souffrant souvent de la soif et survivant avec les troupeaux, on comprend que le lait et le miel représentaient vraiment les douceurs les plus exquises au monde.

Quand on est baptisé, on entre en Terre promise. Voilà pourquoi on reçoit « le lait et le miel » sous forme de dragées.

Quel en est le sens concret ? Les témoignages de ceux qui ont accompli un parcours éprouvant vers la Terre promise nous aident à comprendre ; par exemple, Claire Ly. Elle est née en 1946 à Phnom Penh, dans une famille aisée et cultivée : « un bon karma », comme dirait son père, bouddhiste convaincu mais aussi très ouvert. À l'âge de treize ans, ses parents la confient à un pensionnat de jeunes filles tenu par des religieuses pour apprendre le français. Elle ne garde pas un bon souvenir de cette école. Les sœurs ont trouvé que son prénom cambodgien, « Lumière de nuage à l'aurore », était trop compliqué à prononcer.

D'autorité, elles l'ont prénommée Véronique et lui ont expliqué qu'elle était une païenne.

— Non, je suis bouddhiste.

— Païenne ou bouddhiste, c'est pareil.

En 1968, elle est professeur de philosophie. Comme beaucoup de ses amis intellectuels, elle est heurtée par la présence des missionnaires chrétiens.

— Pourquoi apporter le christianisme au Cambodge alors que nous avons déjà une religion ?

En 1975, tout s'écroule. Les Khmers rouges prennent le pouvoir. Ils tueront deux millions de personnes sur les neuf millions d'habitants. Son mari et une partie de la famille sont exécutés. Avec son fils de trois ans et enceinte de sa fille, elle est chassée de chez elle et envoyée dans les rizières. Elle va vivre l'enfer pendant quatre ans. Pour résister, elle choisit la haine, une haine silencieuse car la moindre parole pouvait la faire repérer, ne serait-ce que par son accent et un vocabulaire de femme de la ville. Pour déverser sa colère, elle invente un bouc émissaire, comme un « objet mental » qu'elle appelle « le Dieu des Occidentaux ». Au bout de deux ans, elle a appris la vie paysanne. Et ce Dieu des Occidentaux est devenu son interlocuteur préféré. Un soir, en rentrant des champs, elle lui dit : « Tu vois, je suis une femme forte, tu devrais m'applaudir ! » Et pour entendre les applaudissements, elle fait silence intérieurement. Il n'y a pas d'applaudissements, mais un silence habité. Elle est immergée dans une tendresse, une paix lumineuse, une douceur impossible à décrire. Le chemin sera long jusqu'à son baptême. Mais son cœur est guéri et elle regarde alors les autres différemment. Lorsque l'armée vietnamienne vient les libérer, un capitaine lui demande s'il y a encore des traîtres ici. Or, il y a près d'eux une femme cruelle, dont elle s'était juré « d'avoir la peau ». Mais lorsqu'elle se tourne vers elle, elle voit la peur dans ses yeux ; elle la regarde comme une personne et elle ne la dénonce pas.

Le facteur déterminant sera la lecture de l'encyclique de Jean-Paul II sur la miséricorde, la lecture de l'Évangile, et la participation à une messe, au moment de l'élévation de l'hostie. Elle reconnaît alors tout à coup : « Ce Jésus de Nazareth est mon Seigneur et mon Dieu. » Mais la peur l'envahit. L'immensité de Dieu lui fait prendre conscience de sa liberté. Elle a le droit de répondre ou non à son appel. Dire oui, c'était comme sauter dans l'inconnu. Elle cheminera encore un an dans la nuit de la foi avant de recevoir le baptême. Elle enseigne aujourd'hui la théologie à la faculté de Marseille.

Un jour, on demandait au père André Sève, journaliste :

— Pourquoi tous les chrétiens ne vivent-ils pas vraiment l'amour pour leurs frères ?

Il a répondu :

— J'ai peut-être une explication. Sur ma route, je n'ai pas tellement fréquenté de chrétiens inébranlablement persuadés que Dieu les aime avec tendresse. La plupart n'arrivent pas à vivre dans cette certitude. Alors, eux-mêmes, pour Dieu et pour leurs frères, n'ont guère de tendresse. Les deux choses se tiennent, je le vois bien : plus on se sent aimé par Dieu, plus on a envie d'être bon.

Dans la Bible, Dieu dit : « Tu as du prix à mes yeux et je t'aime » (Is 43, 4).

Qui suis-je pour que Dieu si grand me fasse cette confidence, pour que je compte à ce point pour lui ? Si nous n'avons pas encore fait l'expérience de cette douceur, il faut la chercher. Sans se lasser. C'est le plus grand des trésors.

Brigitte May

La Bible n'est pas un texte témoin du passé, un livre d'histoire, un album souvenir. C'est une parole actuelle, vivante, qui agit en celui qui l'écoute, qui pacifie, qui purifie, qui console, qui guérit, qui convertit, qui transforme. Voici un fait précis parmi tant d'autres.

« Il s'en est fallu d'un rien, d'une Bible seulement, qu'une femme ne mourût parce qu'elle n'en pouvait plus d'une existence en forme d'impasse. »

Nous sommes en 1984. Brigitte May a une intelligence au-dessus de la moyenne. Elle enseigne le français dans un lycée parisien et prépare une agrégation de lettres modernes à la Sorbonne. Quand elle raconte son expérience, elle dit : « L'Esprit-Saint m'a rattrapée *in extremis* par le petit bout de ma queue-de-cheval que j'avais laissée sur mon crâne rasé ! » Au lycée, son directeur tolère sa marginalité car il a tout compris : sa vie intérieure est un désastre. Elle a laissé Dieu sur le bord de la route et elle cherche le bonheur dans des sentiers dangereux. Rien n'arrive à étancher sa soif d'idéal, d'amour pur et vrai. Alors, ayant touché les tréfonds du désespoir et seule dans une cave où elle avait élu domicile, elle choisit de se donner la mort. Dans cette perspective, elle se dépouille peu à peu de tout : elle donne sa chaîne hi-fi à ses élèves, sa voiture de sport, ses livres, ses deux chats et ses deux chiens. Mais au bout du tunnel, une lumière : elle rencontre une jeune Libanaise qui prépare une thèse. Elles sympathisent si bien que Brigitte lui annonce qu'elle va mourir. Ilham Chamoun lui offre alors une petite bible. Et ce 26 février 1984, dans sa cave, elle va connaître sa nuit de feu comme tant de convertis avant elle. Il est 22 heures, elle est seule. Alors qu'elle a décidé de passer à l'acte, elle ouvre la Bible au hasard et tombe sur le prologue de saint Jean : « Et le Verbe s'est fait chair et il a habité parmi nous » (Jn 1, 14). Et soudain, comme saint Paul sur le chemin de Damas, elle entend le Christ en personne lui dire : « Brigitte, tu n'étais plus là, moi j'étais là ; et tu ne me quitteras plus, tu seras ermite. »

Depuis cet instant, sa vie est devenue une fête, une histoire d'amour. Elle vit au Liban au service de jeunes Libanais pour faire triompher dans leurs cœurs meurtris la Vie et l'Amour sur toutes les pulsions de mort.

Michel Delpech

En 1979, Michel Delpech était un chanteur au sommet de la gloire, mais sa vie intérieure était un désastre. On le sait aujourd'hui grâce à son livre *L'homme qui avait bâti sa maison sur le sable.*

À partir de 1980, il a traversé des années de dépression. Pour s'en sortir, il a tout essayé : l'alcool, la drogue, des traitements psychiatriques, un voyage en Inde, un autre au Népal, des consultations de voyantes, de marabouts, de médiums, de radiesthésistes, des cures de sommeil. Son état ne faisait qu'empirer.

Pourtant, peu à peu il va retrouver Jésus. « Retrouver », car, petit, il avait suivi la catéchèse, « fait ses communions ». Mais avec le succès, il avait tout laissé tomber.

HOULALA ! DANS LES MOIS QUI VIENNENT, JE VOIS UN DÉBORDEMENT D'ALLÉGRESSE !
...VOUS DANSEZ, VOUS CHANTEZ DE JOIE, VOUS EXULTEZ, VOUS NAGEZ DANS LE BONHEUR PARFAIT
CE QUI EST MOINS CLAIR C'EST QUE TOUT CELA SURVIENT APRÈS AVOIR TOUT PERDU AU JEU, DANS DES VOLS, DES INCENDIES, ET DANS L'ALCOOL...
VOTRE EMPLOI, VOTRE FEMME, VOS APPAR-TEMENTS, VOTRE VOITURE VOTRE CHIEN ET TOUS VOS AMIS.
SANS COMPTER UNE ARTÉRIO-SCLÉROSE EN PLAQUE
TONK TONK
SCHTINK SCHTINK

Une nuit, alors qu'il est au bord du suicide, il se réveille, en proie à une angoisse intense. Il se sent poussé à dessiner une grande croix sur une feuille de papier et à la coller au mur. Il se plante devant ce crucifix de fortune. Alors apaisé, avec le sentiment d'avoir écarté le danger, il se rendort enfin. À la suite de cela, il va faire une retraite dans un monastère, rencontrer sa femme Geneviève, catholique pratiquante, se mettre à savourer la Bible, et enfin effectuer un pèlerinage en Terre sainte qui va parachever sa conversion.

Aujourd'hui, il chante à nouveau, mais dans un tout autre « Esprit ». Il écrit dans son livre : « Il s'agit de ramer chaque jour pour me corriger de travers incompatibles avec l'Évangile. Dans mon métier, les mêmes dangers d'orgueil, de nombrilisme me guettent mais la différence, c'est que j'ai conscience aujourd'hui d'évoluer dans un champ de mines. Et je compte sur le Saint-Esprit pour me tirer d'affaire et me garder dans la bonne voie. »

La vérité

Question fondamentale :

— Réponds ou je te dévore : qui donc marche d'abord sur quatre pieds, puis sur deux, puis sur trois ?

La réponse à la redoutable énigme posée par le Sphinx à tous les passants, c'est l'homme lui-même – bébé rampant, homme debout, vieillard sur sa canne – qui la pose à la société dont il est membre.

Animal perfectionné ? Animal raisonnable ? Être temporel ? Être d'éternité ? Insecte ? Moisissure ?

Passion inutile ? Zéro ? Infini ? La question est fondamentale.

Supposons que je sois architecte et qu'un ami me fasse une proposition d'embauche :

— Je reviens des colonies avec un animal étrange. Dessine et construis-moi pour lui un habitat convenable.

Quelle va être là-dessus ma première interrogation :

— Combien de temps me donnes-tu pour cela ? Combien tu me paies ? Où dois-je installer ou bâtir ?

Sûrement pas ! Ma première question va être :

— De quelle sorte d'animal s'agit-il ?

S'il est petit ou gros, s'il est sensible ou non aux conditions climatiques, s'il est domesticable ou sauvage, méchant ou pas, tout est différent. Par exemple, s'il a des ailes et envie éventuellement de s'échapper, il faut prévoir un toit. A-t-il des griffes pour creuser des galeries ? Je dois alors penser aux soubassements, etc.

Et ainsi, il n'est pas possible de vouloir construire un monde prétendument « plus humain » sans savoir ce qu'est l'homme ou en se trompant sur ce point.

Le chemin, c'est moi...

Pendant la Seconde Guerre mondiale, un avion américain fut abattu au-dessus de la Birmanie. Le pilote, rescapé mais perdu dans la jungle, finit par rencontrer un indigène ; celui-ci, sachant un peu l'anglais, lui offrit de le conduire en lieu sûr. Mais comment sortir d'une forêt épaisse, dans laquelle il n'y avait aucun sentier ? Le Birman prit sa hache et commença de frayer un passage. L'aviateur suivait, dans un enchevêtrement indescriptible de végétaux inconnus, parmi les serpents ou d'autres animaux redoutables. Effrayé, le pilote demanda au Birman :

— Où est le chemin ? Êtes-vous sûr de le connaître ?

L'homme de la jungle répondit :

— Le chemin, c'est moi ! Suivez-moi, et nous sortirons d'ici.

Et c'est ce qui arriva.

Cette vérité des choses était le souci lancinant de Jean-Paul II. Ce souci est au fondement de toute sa vie, son œuvre et sa personnalité. L'anecdote suivante, rapportée par André Frossard[1], le montre bien.

« Je lui ai posé la question suivante l'autre jour :

— Saint Père, si vous n'aviez qu'une seule parole de l'Évangile à nous transmettre, quelle serait cette parole ?

Il n'a même pas eu le temps de réfléchir pour me répondre :

— "La vérité vous délivrera."

Je pensais qu'il m'aurait dit : "Aimez-vous les uns les autres"...

Non : "La vérité vous délivrera"... »

Le père du mensonge

Il y a dans l'air du temps comme un gaz inodore et incolore qui sature l'atmosphère et que nous inhalons à tout moment sans nous en rendre compte : le gaz du mensonge.

Qu'est-ce que le mensonge ? Au temps des Pères de l'Église, dans les premiers siècles du christianisme,

1. In *Le Pèlerin*, 23 septembre 1988, p. 32.

on se racontait cette anecdote : quand Athanase ramait sur la rivière pour échapper à ceux qui le poursuivaient, ils le croisèrent et lui demandèrent :

— Où est le traître Athanase ?

— Pas très loin, répondit-il, et il continua sereinement à ramer.

Tout allait bien, il n'avait pas menti. Mais mentir, ce n'est pas seulement manquer d'exactitude. Le plus grave des mensonges est celui qui consiste à détruire le langage. Dans la Bible, l'ennemi de la vérité de Dieu est Satan, le père du mensonge. Et ses mensonges ne consistent pas seulement à ne pas dire la vérité, ou à faire des erreurs de jugement, comme le disent nos politiciens ; ce n'est même pas raconter des histoires. Sa façon de mentir est de semer le doute et la méfiance entre Dieu, Adam et Ève. Il les fait se méfier de Dieu. Son nom, Satan, signifie « l'Accusateur ». La Parole de Dieu permet à l'homme d'être et de se développer. La parole de l'accusateur, au contraire, sape, rabaisse et dénigre. Chesterton pensait qu'il n'y a qu'un seul péché, dire que la feuille verte est grise. Le service urgent actuel est le service de la Vérité. Dans la confiance, car la Bible se termine avec une voix qui clame que l'« on a jeté à bas l'accusateur de nos frères » (Ap 12, 10).

Le service de la vérité n'enferme pas. Au contraire, il ouvre au dialogue. On sait que c'est le charisme et la mission des dominicains. Or saint Dominique a fondé son ordre dans une taverne, en discutant avec le tavernier toute la nuit. Un frère prêcheur fait remarquer que saint Dominique ne peut avoir passé tout son temps à répéter : « Tu as tort, tu as tort, tu as tort. » On ne continue à discuter que si, dans une certaine mesure, l'interlocuteur n'a pas tort ; on ne discute pas pour l'emporter mais pour que la vérité l'emporte.

Amoureux de la Vérité, même en texto

Le père Bernard Bro – un dominicain, justement – a dénombré dans toute la Bible plus de cent cinquante mots pour désigner Jésus, depuis « Adam » (le nouvel Adam) jusqu'à « la Voie » en passant par « l'Étoile radieuse du matin » ou « le Pain du Ciel ». Depuis, on lui a donné d'autres appellations comme « le Sacré Cœur » ou « le Rédempteur ».

Le père Bro commente :

« Quel amoureux serait capable de trouver autant de vocables pour vénérer ce qu'il aime ? Que les fiancés, que les époux relisent les lettres qu'ils échangeaient au début de leur amour… Ils seront émus, j'espère, mais sans doute souriront-ils aussi de la naïveté de leurs propos. Faudrait-il pour autant croire que leur candeur ne cachait pas une très grande réalité ? Le père Festugière, dominicain qui fut un des plus grands hellénistes de ce temps, se trouva mobilisé en septembre 1939 comme soldat de seconde classe. Il balayait les cours de sa caserne. Apprenant cette situation, son ami et compagnon de l'École normale, Jean Giraudoux, alors ministre de l'Information, le fit muter au service de la censure postale. Le père Festugière avait donc pour obligation de lire les lettres des soldats dont le régiment était sur le front afin qu'aucun "secret militaire" ne soit malencontreusement divulgué. Il se trouvait dans le courrier beaucoup de lettres de jeunes mariés, de fiancés, d'amoureux. En tant que religieux, le père Festugière était ému. Mais littéraire, il ne pouvait réprimer un certain sourire : un jour, il avoua (entre autres) qu'il avait souvent été tenté de remettre les lettres dans une enveloppe destinée à une autre partenaire, tellement les déclarations étaient répétitives et se ressemblaient. S'il n'y avait eu la différence de prénom et d'écriture, les destinataires ne se seraient aperçus de rien. Ils disaient tous la même chose.

L'énumération des noms de Jésus, ce sont ceux d'une lettre d'amour, exprimant les richesses du cœur de Dieu. Certes, la lettre dit toujours la même chose. Mais personne n'a sans doute jamais trouvé expressions si variées pour dire la joie de son âme en face de celui qu'il aime[1]. »

Un prêtre raconte que dans l'église de sa paroisse il y a un grand Christ. Au-dessus de sa tête, l'inscription est curieusement JNRJ. Un enfant lui demande :

— J, c'est Jésus ?

— Oui, tu as bien trouvé !

— Alors, reprend-il, cela veut dire : Jésus énergie !

Quel bonheur pour cet enfant d'avoir su lire une inscription si ancienne avec la lecture en texto d'aujourd'hui !

Laisser agir Jésus

Nous sommes au bistrot d'un petit village. Alors qu'il y a déjà beaucoup de tables occupées, voici qu'entre l'aveugle du village avec ses lunettes noires et sa canne blanche. Il va s'asseoir à sa place habi-

---

1. Bernard Bro, *Peut-on éviter Jésus-Christ*, éd. Saint Augustin-De Fallois, 1995, p. 143.

tuelle. Le serveur s'approche de lui. L'aveugle a repéré qu'il y a dans le bistrot quelqu'un qui n'est pas du village et il demande à voix basse :

— Dis donc, qui c'est ce gars avec l'accent qui n'est pas de chez nous ?

Et le serveur lui dit :

— Eh bien, figure-toi que c'est Jésus.

— Oh, dit le malvoyant, alors porte-lui un café de ma part.

Un moment après entre dans le bar un gars sur un fauteuil roulant. Dès qu'il entre, il aperçoit au fond de la salle ce beau jeune homme d'une trentaine d'années, belle barbe, très beaux cheveux longs… Et comme il demande au serveur qui est ce nouveau venu, il a la surprise de s'entendre dire que c'est Jésus…

— Jésus lui-même ?

— Oui, c'est Jésus.

— Oh, écoute, offre-lui un jus de fruits de ma part.

Quelques minutes plus tard arrive dans le bar un villageois d'une quarantaine d'années. Lui ne semble pas avoir de handicap particulier. Lui aussi repère tout de suite cet homme qui n'a pas du tout le type ni l'accent du pays. Discrètement, il se renseigne auprès du serveur. Et quand il apprend que c'est Jésus, il lui fait porter de sa part une liqueur de châtaignes.

Un moment plus tard, Jésus se lève. Il s'approche de l'aveugle :

— Je te remercie infiniment pour le café. Cette attention m'a beaucoup touché.

Et, comme il donne une petite tape amicale dans le dos de l'aveugle, voici que cet homme retrouve la vue.

Il s'approche alors du jeune homme sur son fauteuil roulant :

— Mille mercis pour le jus de fruits. En vérité je te le dis, qui aura donné un simple verre d'eau fraîche à l'un de ces petits qui sont les miens ne perdra pas sa récompense.

En disant cela il le prend par les épaules. Et voilà que le paralysé ressent une grande chaleur dans son corps et il retrouve aussitôt l'usage de ses jambes !

Jésus s'approche alors du troisième qui avait eu une attention pour lui. Et celui-ci lui dit :

— Ne me touche pas, je suis en arrêt maladie.

C'est une faribole. Est-ce que nous souhaitons vraiment laisser agir Jésus en nous ? Est-ce que nous avons suffisamment confiance en lui pour lui laisser les clefs de tous les secteurs de notre vie : notre façon de gérer la télévision, notre façon de conduire, l'usage que nous faisons de tous les biens à notre disposition, notre façon de veiller sur notre santé, sur notre équilibre ?

Se laisser toucher par Jésus n'est peut-être pas aussi facile que cela…

Le monde tourne mais la croix demeure

La mode est aux sondages. On en fait sur tous les sujets, à tout moment. Dans la Bible, plus précisément dans le récit de la vie du roi David, au dernier chapitre du deuxième livre de Samuel, il est dit que c'est un grand péché. David avait voulu recenser tout son peuple et cela l'a mis en froid avec le Seigneur, car seul Dieu peut « sonder les reins et les cœurs », selon l'expression consacrée.

Mais le roi David est loin, et les sondages s'en donnent à cœur joie.

Récemment, un collège en a organisé un au niveau des classes de quatrième. Il est ressorti que sur quatre-vingt-dix jeunes de treize, quinze ans, filles et garçons confondus, seulement six ou sept sont Vierge. Le sondage était assez précis : les quatre-vingt-quatre autres étaient Bélier, Taureau, Gémeau, Cancer, Lion, Balance, Scorpion, Sagittaire, Capricorne, Verseau ou Poisson.

Nous sommes environ soixante millions de Français. Comme il y a douze signes du zodiaque, chaque catégorie représente environ cinq millions de personnes. Comment serait-il possible qu'une prétendue prévision de trois petites lignes dans votre journal ou votre hebdomadaire puisse dire quelque chose de perspicace pour chacun ? On peut rester dubitatif.

L'effet pervers de parler souvent des signes du zodiaque et autres calembredaines de soi-disant voyants, cartomanciens, médiums ou autres chiromanciens qui liraient dans les lignes de la main, diffuse l'idée que nous vivons sous la domination d'un destin. Or, nous sommes conditionnés, c'est sûr. Mais nous ne sommes pas déterminés.

La Bonne Nouvelle de la foi judéo-chrétienne, c'est que chacun de nous a été créé libre et responsable. Je connais une chrétienne qui, lorsqu'on lui demande de quel signe elle est, comprend très bien qu'il faut répondre « Bélier » « Gémeaux » « Vierge » « Cancer » ou autres. Mais avec un bon sourire, elle répond qu'elle est… du signe de la Croix.

Au XIe siècle, les moines chartreux ont inventé, bien avant les autres, leur « logo ». Il s'agit d'un globe terrestre surmonté de la croix. Vous le voyez partout en Savoie, Isère, Haute-Savoie. Au-dessous est inscrite leur devise, *Stat Crux Dum Volvitur Orbis* : « Le monde tourne mais la croix demeure ». Les modes se démodent, les signes du zodiaque ne nous déterminent en rien, les sondages, quand ils ne cherchent pas à nous influencer, ne sondent que des opinions mouvantes et instables.

Jésus crucifié et ressuscité. Lui travaille à notre liberté intérieure.

Un seul Seigneur, bien des façons de le refléter

C'est au matin de Noël. L'enfant Jésus est né il y a quelques heures seulement. Dans la grotte de Bethléem, tout est silence. Soudain, la porte grince. La Vierge Marie ne détourne pas les yeux de son enfant. Joseph, lui, est aux aguets. Il voit entrer un homme vêtu d'une bure marron. C'est un franciscain : ce religieux murmure, bouleversé : « Ô merveilleuse pauvreté », et il tombe à genoux. Quelques instants plus tard, arrive une bure toute blanche, c'est un dominicain. Les larmes aux yeux, il laisse échapper : « Ô Sublime Vérité », et il tombe à genoux. Peu après, on voit entrer un habit blanc et noir, c'est un cistercien. Profondément ému, il dit : « Ô extraordinaire obéissance », et il tombe en prostration. Il ne faut pas attendre longtemps pour distinguer ensuite une soutane noire un peu trop courte. C'est un jésuite. Il ne dit rien. Il contourne les trois autres religieux et discrètement, il vient près de la Vierge Marie. Il lui met respectueusement la main sur l'épaule en lui disant : « Madame, vous nous le confierez. Dans un de nos collèges, nous en ferons quelqu'un de bien. »

Une dame dit sa profonde admiration à un jésuite :

— Vous êtes très supérieurs aux dominicains.

Le père enchaîne :

— Et pourtant nous prions les uns pour les autres… Mais les dominicains doivent prier beaucoup mieux que nous.

Deux mots tous les dix ans

On dit volontiers que la plus grande preuve de l'existence de Dieu réside dans le fait que des moines ou des moniales puissent vivre ensemble toute une vie. Vous savez que dans tous les monastères, il y a une règle absolument indispensable : le silence. Les moines et les moniales ont des temps de parole. Mais au cours des siècles, ils ont inventé mille astuces pour respecter le lien intime de chacun avec son Seigneur et favoriser l'entente fraternelle. Les plus rigoureux sur la règle du silence sont certainement les chartreux. Ils parlent tout de même à leur père spirituel et ils ont une récréation par semaine, une promenade dans la montagne où ils bavardent tranquillement. Mais dans ce monastère, la règle était encore plus dure. Ils n'avaient droit qu'à deux mots tous les dix ans. Un frère était entré et avait parfaitement observé la règle. Au bout de dix ans, il frappe à la porte du père abbé.

— Entrez.

Il ouvre et dit simplement :

— LIT DUR.

— Ah, dit le père abbé, nous allons voir ce que nous pouvons faire : allez, cher frère, aimez bien le Bon Dieu et aimez bien vos frères.

Dix ans passent. Le père abbé n'a pas changé. Le moine est toujours là.

— Entrez.

Le frère ouvre délicatement la porte de la cellule du père abbé et lui dit en prononçant bien :

— NOURRITURE MAUVAISE.

— Ah, dit le père abbé, je vais voir avec le frère cuisinier. Allez, cher frère, courage et confiance !

Dix ans plus tard, les deux ont vieilli mais ils sont toujours là.

— Entrez.

Et le frère dit simplement :

— JE PARS.

Le père abbé lui répond :

— Tant mieux ! Cela fait vingt ans que vous râlez.

Vous avez dit « résurrection de la chair » !

On raconte cette histoire au mont Athos : de jeunes moines quelque peu exaltés par les prémices de leur vie spirituelle décidèrent d'aller voir un ermite thaumaturge pour lui demander de faire un miracle. Dans leur enthousiasme, ils ne doutaient pas des capacités de l'anachorète ; aussi ce dernier, qui connaissait les dangers de l'illusion chez les commençants, décida de leur donner une leçon profitable. Le vieillard prit un morceau de charbon de bois, demanda aux jeunes moines de découvrir leur poitrine et y traça un chiffre qu'il reporta sur leur front. Les amateurs de miracles ne purent contenir leur curiosité et interrogèrent le vieillard sur ses intentions.

— Je vais vous couper la tête, dit-il tranquillement, et ensuite je vous la recollerai. Comme je commence à perdre la mémoire, je prends la précaution de mettre un numéro sur les corps et sur les têtes pour ne pas me tromper quand j'opérerai le miracle.

Les moinillons partirent en courant !

Cette anecdote peut être interprétée à différents niveaux mais elle revêt une valeur de métaphore qui s'applique à la Résurrection. Jusqu'où va notre foi en la résurrection des corps ? Notre confiance en Dieu ne s'arrête-t-elle pas à nos capacités à imaginer le sort de nos membres après la mort ?

Jésus dit : « Celui qui croit en moi, je le ressusciterai au dernier jour. » Il promet à Marthe et Marie que leur frère ressuscitera. Mieux que cela, il affirme qu'il est en personne « la Résurrection et la Vie ». Saint Paul, lui aussi, y croit dur comme fer. Il l'explique longuement aux chrétiens de Corinthe, mais il revient sur ce sujet dans toutes ses lettres. Comment cela se fera-t-il ? Par l'Esprit-Saint. Sous quelle forme serons-nous ? N'imaginons pas. Attendons la surprise. Nous sommes sûrs d'une chose : nous nous reconnaîtrons. Nous serons transfigurés par la Lumière indescriptible du Seigneur. Pour l'éternité.

Un homme passe devant trois tailleurs de pierre. Au premier, il demande :

— Qu'est-ce que tu fais ?

L'homme répond :

— Je gagne ma vie.

Au second, il demande :

— Qu'est-ce que tu fais ?

Et l'homme répond :

— Je taille une pierre.

Au troisième, il demande :

— Qu'est-ce que tu fais ?

Et l'homme répond :

— Je bâtis une cathédrale.

Dans le monde d'aujourd'hui, il est important que nous redisions avec force que notre vie humaine ne va pas en s'effritant, que nous bâtissons nous aussi du définitif. Nous pouvons espérer grand.

Depuis la Résurrection de Jésus, les chrétiens croient qu'il y a une façon de vivre qui ne conduit pas à la mort. Les liens que nous tissons dans l'amour, dans l'amitié demeurent éternellement. Le plus humble geste porte son fruit. Le regard de tendresse, l'attention d'un instant, la parole qui aide, la rancune oubliée, le travail avec ses gestes mille fois répétés. Tout porte un fruit d'éternité. Tout va vers la joie qui demeure.

C'est cela croire à la « résurrection de la chair ». Croire à la résurrection des corps, c'est avoir l'assurance que nous retrouverons, sous une forme qui n'est pas décrite, ce que notre corps nous permet aujourd'hui. Et donc, la relation, la communication, l'amour, les merveilles découvertes par tous nos sens, tout ce qui fait corps avec nous. Croire à la résurrection des corps, c'est croire que, dans l'au-delà, Dieu nous donnera, non pas une vie désincarnée, éthérée et vaporeuse, mais une existence humaine transfigurée.

10

La vie éternelle

Les avertissements

Un jour, un jeune homme s'agenouilla au bord d'une rivière. Il plongea ses bras dans l'eau pour se rafraîchir le visage et là, dans l'eau, soudain il vit l'image de la mort.

Il se redressa très effrayé et demanda :

— Mais que me veux-tu ? Je suis jeune ! Pourquoi viens-tu me chercher sans me prévenir ?

— Je ne viens pas te chercher, répondit la voix de la mort. Rassure-toi et rentre chez toi, car j'attends ici quelqu'un d'autre. Je ne viendrai pas te chercher sans te prévenir, je te le promets.

Le jeune homme rentra joyeusement chez lui. Il devint un homme, il se maria, il eut des enfants, il suivit le cours de sa vie tranquille. Un jour d'été, se trouvant auprès de la même rivière, il s'arrêta de nouveau pour se rafraîchir. Et de nouveau il vit le visage de la mort. Il la salua et voulut se redresser. Mais une force terrible le maintenait agenouillé au bord de l'eau. Il prit peur et demanda :

— Mais que veux-tu ?

— C'est toi que je veux, répondit la voix de la mort. Aujourd'hui je suis venue te chercher.

— Mais tu m'avais promis de ne pas venir me chercher sans me prévenir ! Tu n'as pas tenu ta promesse !

— Je t'ai prévenu, dit la mort.

— Tu m'as prévenu ?

— De mille façons. Chaque fois que tu te regardais dans un miroir, tu voyais tes rides se creuser, tes cheveux blanchir. Tu sentais ton souffle se raccourcir et tes articulations se durcir. Comment peux-tu dire que je ne t'ai pas prévenu ?

Et elle l'entraîna jusqu'au fond de l'eau.

Faut-il, pour autant, avoir peur ? Voici le souvenir d'un prêtre. Il était grand séminariste. Aux yeux de sa grand-mère – qu'il vouvoyait à cette époque –, c'était un savant. Elle était profondément religieuse, et très pieuse. Elle avait la foi du charbonnier. Un jour, la mémé – comme il l'appelait – lui fait part de son angoisse :

— Quand j'ai à parler à monsieur le maire, je bafouille, j'ai le souffle coupé, je ne trouve pas mes mots. S'il me fallait parler à monseigneur l'évêque, ce serait pire, je n'oserais même pas le regarder. Alors, quand il me faudra paraître devant Dieu et me défendre ! Tu imagines !

Ce futur prêtre, très délicatement lui a dit :

— Mémé, vous n'avez pas à vous inquiéter. Parce que le Bon Dieu posera les questions, bien sûr. Mais à chaque question, c'est lui qui fera exactement la réponse que vous auriez donnée.

MARIE-ÉGLANTINE, JE SUIS VENUE TE CHERCHER
MA PAROLE, MAIS IL EST TOUT À FAIT HORS DE QUESTION QUE JE SUIVE COMME ÇA UN INCONNU...
SURTOUT AVEC AUSSI PEU DE SAVOIR-VIVRE !

L'océan, le soleil, la jarre et la mare

Les Pères de l'Église ont parlé très tôt des « semences du Verbe » répandues dans toutes les cultures et les traditions religieuses. Des éclats de la Vérité révélée en Jésus, des pierres d'attente de l'Évangile. En voici deux concernant la vie éternelle, cette vie divine dont nous vivons déjà grâce à notre baptême.

En Inde, une parabole compare l'être humain à une jarre emplie d'eau de mer. Flottant aisément sur l'Océan ou entraînée par les courants, elle peut subir les orages et les tempêtes. Un jour, la jarre se brise ! Son eau enclose jusqu'alors retrouve simultanément sa liberté et l'immensité de l'Océan. L'eau rejoint l'eau qu'elle n'a jamais cessé d'être.

Comparaison n'est pas raison. À notre mort, nous ne serons pas dissous en Dieu comme la goutte d'eau dans l'Océan. Mais cette parabole souligne que nous vivons déjà de la vie éternelle.

Une tradition africaine évoque les apparences et la réalité de la vie. Chaque mare de la brousse, grande ou petite, peut refléter le soleil en son entier. Ainsi pour un seul soleil dans le ciel, des milliers de soleil peuvent briller à la surface de la terre. Chacun d'entre nous, même s'il n'a qu'une toute petite mare, peut essayer de maintenir pure et paisible l'eau de son âme, afin que le soleil vienne s'y mirer tout entier. Si la mare se trouve asséchée un jour, nos yeux ne peuvent plus percevoir le reflet du soleil. Pour autant, le soleil lui-même a-t-il disparu ?

Cette parabole corrige et complète la première : chacun de nous est unique. Mais nous sommes de la même pâte. Malgré l'extrême variété des personnes humaines, notre créateur est capable de faire l'unité.

Comment se passera notre arrivée au Ciel ?

On sait que le cardinal Marty, archevêque de Paris, avait reçu comme cadeau des Parisiens, à l'heure de la retraite, une 2 CV. Il aurait eu cette parole prophétique : « Cette 2 CV, elle me conduira au ciel. » Effectivement il est mort au volant de cette 2 CV, écrasé par un train. On sait qu'il avait toujours le souci de demander des nouvelles des familles de ses prêtres. Il avait cultivé son accent rocailleux de l'Aveyron, cet accent du midi… moins le quart qui lui faisait rouler les « r » !

Or, il arrive au Ciel. Il pensait être reçu par saint Pierre et voilà que c'est Jésus lui-même qui l'accueille. Étonné et ému, lui qui avait pourtant la parole facile, toujours le mot d'esprit à la bouche, une repartie savoureuse, reste muet. Alors Jésus lui dit : « Eh bien, je vais te conduire auprès du Père… » Et les voilà partis. Ils marchent tous les deux côte à côte en silence. Au bout d'un moment, François Marty dit à Jésus : « Et la maman, comment va-t-elle ? »

Certaines personnes en Haute-Loire ont une belle façon de vous dire leur joie, de vous accueillir. Elles ont une expression que l'on ne trouve que chez nous : « Allez, finissez d'entrer. » C'est-à-dire : je ne veux pas vous recevoir seulement sur le seuil. Je veux que vous alliez jusqu'au bout, que vous vous sentiez comme chez vous. J'imagine bien le Seigneur leur dire, pour vaincre leur timidité : « Allez, finissez d'entrer. »

Retrouvailles au Ciel

Devant les portes d'une église au sortir d'une messe d'enterrement, un monsieur pleure à grosses larmes. C'est le gendre de celle dont on célèbre les funérailles. Un ami lui dit discrètement :

— N'en fais pas trop, tout le monde sait bien qu'entre ta belle-mère et toi, ce n'était pas le grand amour. Arrête tes larmes de crocodile.

Et le gendre lui répond :

— Ce n'est pas pour ça que je pleure. C'est parce que le prêtre a dit qu'au Ciel on va se retrouver.

Il est sûr que lorsque nous voyons nos différences de points de vue, de cultures, de caractères, nos oppositions parfois insolubles, nos disparités tellement grandes, on ne peut que se dire que le Ciel sera le plus grand miracle de Dieu. Enfin, nous serons « Un »… non pas uniformes, mais nous regardant avec bienveillance et estime. Nos différences seront des richesses. Nous n'aurons pas assez de l'éternité pour contempler l'amour divin au prisme de chaque particularité de ses milliards d'enfants.

Sainte Thérèse de Lisieux avait trouvé une image très simple pour expliquer que chacun sera comblé. Elle faisait remarquer que nos buffets contiennent des milliers de sortes de verres. De gros verres à apéritif, des chopes de bière, des verres à vin, des verres à pied, des flûtes à champagne, des verres « à goutte ». Ils représentent l'extrême diversité des enfants de

Dieu. Mais au Ciel, chaque verre sera plein. Chacun aura tout l'amour de Dieu qui le comblera.

Notre famille du Ciel

Nous savons bien que nos représentations du Ciel sont toujours trop humaines. Au Ciel nous nous reconnaîtrons, mais ce ne sera pas la photocopie de ce que nous connaissons ici-bas. Faisons confiance à Celui qui a imaginé la première création, la variété infinie des couleurs, l'harmonie du règne végétal et du règne animal, la danse parfaite des planètes, l'unicité de chaque visage, les couchers de soleil et attendons la surprise qu'il nous prépare.

Cependant, le Ciel nous est d'ores et déjà accessible de par la communion des saints. Il ne faut pas confondre avec de prétendues communications de messages inspirés ou dictés par on ne sait qui. Parler de « communion des saints », c'est dire que l'amour élaboré tout au long d'une vie continue même après la mort. On peut même nouer des amitiés avec les saints du Ciel. Nous pouvons compter sur eux. Ils sont comme nos entraîneurs vers le Ciel, en particulier ceux dont nous portons le prénom. Les corporations et les pays ont leurs saints patrons. Il y a aussi les patronages fantaisistes : saint Ignace serait le patron des coiffeurs qui nous coupent la « tignasse ». Saint Camille de Lellis, qui s'est beaucoup occupé des malades, pourrait être le saint patron des aviateurs et – pourquoi pas – de tous les véhicules à hélice, à moins que ce ne soit saint Viateur.

Savez-vous combien il y a de lavabos au Ciel ? Un seul, car il n'y a que saint François de Sales (sale).

Et combien il y a de chaises ? Une seule, car il n'y a que sainte Claire d'Assise.

Combien il y a de pèse-personnes ? Un seul, car il n'y a que Bernadette de Lourdes !

Marsel de mer

Un ami médecin me disait récemment : « Les gens se demandent toujours ce que sera le paradis ; j'imagine que Jésus le savait bien mais qu'il lui était difficile de le décrire, sauf en paraboles... Dans mon cabinet médical j'ai un aquarium, je trouve la compagnie des poissons reposante. Certains de mes poissons sont assez vieux, pour des poissons. L'un se nomme Marsel, avec un “s” : il dit que ça lui rappelle la mer et le sel. C'est un vantard, il est né dans un aquarium d'eau douce à 26° et, si ces paramètres changeaient un peu, il mourrait rapidement. Quand j'ai fini ma journée, j'ai plaisir à bavarder avec lui car il est assez philosophe et observateur, il écoute mes conversations avec les patients, reste très discret et me confie ses réflexions. Dernièrement, il m'a demandé de lui décrire l'océan, il en a curieusement la nostalgie sans jamais l'avoir connu. Je suis parti dans de grandes descriptions, mais ça ne l'a pas convaincu. Comment expliquer à un poisson dont l'univers fait un mètre de côté l'immensité de l'océan ? Honnêtement, je ne sais pas, mais peut-être que maintenant quand j'essaie d'imaginer le paradis je me dis que je comprends un peu pourquoi Marsel est nostalgique de son océan et qu'il y a certainement autant de différence entre un aquarium et l'océan qu'entre ma petite vie et le paradis. »

Le dialogue intérieur des jumeaux

On n'arrête pas le progrès. Avec la technique moderne, les échographies et autres, voilà que l'on a pu enregistrer un dialogue entre deux enfants, des jumeaux dans le ventre de leur maman !

— Oh… comme c'est étroit ici ! Je n'arrive plus à bouger… Tu es devenu trop grand.

— Mais non, c'est toi qui as trop grandi ! Moi je suis plutôt mince !

— Arrête de te moquer de moi ! Cela ne mène à rien ! Tout de même, tu as bien une idée de ce à quoi ça va aboutir ?

— Je n'en sais rien, moi !

— Tu ne crois donc pas qu'il y a une vie après la naissance ?

— Une vie après la naissance ? Tu y crois, toi ?

— Mais bien sûr que oui ! C'est bien le but de notre vie ici. Il faut grandir et se préparer pour qu'on devienne assez fort pour l'accouchement et pour la vie après la naissance.

— Tu es fou ? C'est complètement absurde ça. Et ça se passera comment là-bas ?

— Je ne sais pas trop, moi. Mais de toute façon, ça sera plus lumineux qu'ici. Et peut-être que nous allons être capables de marcher et de manger par la bouche, et tout le reste.

— Ouah… quelle bêtise ! Marcher, ça ne marche pas du tout ! Et manger avec la bouche, bizarre, comme idée ! Nous avons le cordon ombilical qui nous nourrit. Déjà ce cordon est trop court pour se promener avec !

QUAND MÊME, CHÉRIE, ON A DU MAL À CROIRE QUE DEUX PETITES VIES SE PRÉPARENT LÀ-DEDANS !
ILS DOIVENT BRÛLER D'IMPATIENCE DE NOUS RENCONTRER !
MAIS ENFIN, P'TIT FRÈRE OÙ VAS-TU CHERCHER TOUT ÇA ?! UNE VIE APRÈS LA NAISSANCE !!?
PENDANT QUE TU Y ES, TU CROIS PEUT-ÊTRE À L'EXISTENCE D'UNE MÈRE OU D'UN PÈRE ?...
GUÉZOU

— Mais si ! Bien sûr que si c'est possible ! Évidemment, il y aura des différences.

— Mais personne n'est revenu de là-bas ! Personne ! Tu as bien compris ça ? Avec la naissance, la vie se termine, un point c'est tout. D'ailleurs, je trouve cette vie assez douloureuse et assez sombre.

— La naissance, ce n'est pas un point final. C'est un point à la ligne… Même si je ne sais pas trop comment cela se passera après la naissance, de toute manière on va finalement voir notre mère !

— Notre mère ? Tu y crois, toi ? Elle est où, notre mère ?

— Ben ici. Partout, autour de nous ! Sans elle, on ne pourrait même pas vivre !

— Bah ! Je n'ai jamais rien remarqué d'une mère, donc elle n'existe pas non plus !

— Mais si. De temps à autre, quand nous sommes bien tranquilles, j'entends comme une voix qui est inaccessible mais, en même temps, très proche de nous. Je pense qu'on la verra un jour. Comme il me tarde de la voir et de la connaître ! »

L'enfer me ment

Dans le diocèse du Puy, on aime se rappeler ce clin d'œil. Au temps glorieux des grandes missions diocésaines, deux missionnaires sillonnaient la Haute-Loire. Le père Marius avait la réputation d'être austère et exigeant. Le père Jean avait le tempérament plus jovial, il était plus cool, dirait-on aujourd'hui. Or, dans la répartition des prédications, le père Marius avait à parler du Ciel tandis que le père Jean devait donner l'enseignement sur l'enfer. Il paraît qu'à la sortie les paroissiens – un tantinet malicieux – disaient : « Moi, je préfère l'enfer du père Jean au Ciel du père Marius. »

L'enfer existe-t-il ?

Jean-François Deniau, que l'on connaît comme ministre, ambassadeur, marin, écrivain, et autres talents, pose dans un de ses livres la question : « Qui peut être sûr qu'il n'y aura jamais de pesée des âmes ? » Le chrétien sait qu'il y aura une pesée des âmes. Il sait aussi que l'enfer existe, mais il ne sait pas s'il y a quelqu'un. En tout cas, il prie chaque jour pour qu'il n'y ait personne. Si la Bible parle de l'enfer, c'est qu'elle affirme la puissance et la fragilité de la liberté humaine.

Ceux qui ne croient pas à l'enfer prient plus ou moins de la façon suivante : « Seigneur, ne crains rien, au moment de la mort, je ferai le bon choix ; compte sur moi. »

Au contraire, ceux qui prennent tout à fait au sérieux les paroles de l'Évangile (« Craignez Celui qui a le pouvoir de jeter dans la géhenne l'âme et le corps ») supplient Dieu de les délivrer du Malin. Plus ils se défient de Satan, plus ils se confient en Dieu.

En fait, l'enfer est avant tout un danger. Les chrétiens qui ne croient pas à la présence de l'ennemi, à l'existence du danger, peuvent-ils prier avec la confiance des saints ?

Le père Molinié a écrit un livre au titre surprenant : *Le courage d'avoir peur*. Est-ce que la véritable confiance ne suppose pas en effet le courage d'avoir peur ? On sait que les spationautes s'entraînent assidûment parce que au moment du décollage de la fusée, à cause de la vitesse phénoménale d'accélération et de la dépressurisation, ils perdront plus ou moins conscience. Ils ne pourront alors compter que sur les réflexes acquis. En théologie, on appelle cela la grâce de la persévérance, une grâce aussi gratuite que celles que nous aurons reçues tout au long de notre vie, même si nous devons nous y préparer dès aujourd'hui : une dernière fois Dieu nous fera la cour.

Le purgatoire

Dans une petite localité des États-Unis, le pasteur a affiché l'avis suivant sur la porte de l'église : « Ce matin à 8 h 30, notre honorable frère John Miller nous a quittés pour le paradis… »

Le soir, une main ingénue avait ajouté : « Ici, paradis – stop – 19 heures – John Miller toujours pas arrivé – stop – Sommes inquiets – stop. »

Effectivement, une chose est de partir, une autre est d'arriver.

L'Église catholique professe que, dans son infinie miséricorde, Dieu a conçu le purgatoire. Il est difficile de ne pas le penser comme un lieu. Il serait plus juste de le penser comme un état, voire comme une expérience mystique. Mais nos catégories humaines sont ce qu'elles sont.

Défini par saint François de Sales comme « une espèce d'enfer quant à la douleur » et « un paradis quant à la douceur », le purgatoire n'est pas une invention de l'Église.

Dans le livre des Maccabées, dans l'Ancien Testament, on voit Judas et ses soldats offrir un sacrifice expiatoire pour certains de leurs morts tombés à cause d'un péché d'idolâtrie.

« Ce texte souligne deux choses importantes, selon le père Paul Préaux, recteur du sanctuaire Notre-Dame-de-Montligeon : les pécheurs peuvent être purifiés après leur mort ; et cette purification peut être obtenue par des actes de piété accomplis par des vivants. Chacun est donc responsable de ses actes devant Dieu, mais, en même temps, une solidarité peut s'établir entre les vivants et les morts en vue de la délivrance de ceux-ci. »

Si la mort nous surprend alors que notre être n'est pas encore tout à fait évangélisé ; s'il nous faut plier bagage alors que notre personne n'est pas encore tout imprégnée de l'Amour de Dieu, il nous est possible de compter sur la prière et la charité de ceux qui cheminent encore sur la terre. En effet, Dieu a choisi de nous sauver en famille et la communion des saints est comme une espèce de principe de vases communicants, de va-et-vient entre le ciel et la terre, valable aussi en faveur de ceux qui, au purgatoire, ne peuvent plus poser d'actes libres.

Un ami prêtre dit que lorsqu'il sera au purgatoire, il sera content car cela signifiera qu'il aura réussi l'examen écrit. Il ne lui restera plus qu'à passer l'examen oral. Quand il dit cela en présence de notre évêque, monseigneur lui donne comme pénitence de dire un chapelet. En effet, un chrétien doit ne pas désirer seulement le purgatoire, mais le Ciel, non pas seulement un strapontin, mais un fauteuil.

La joie éternelle

S'il arrive à beaucoup d'entre nous d'ignorer la différence entre le plaisir et la joie, nous avons bien quelques excuses : en plein Moyen Âge chrétien, au cœur même d'un monastère, un saint moine, dit-on, en vint lui-même à faire la confusion, et le Ciel dut employer les grands moyens pour l'en guérir.

Comme le chantent admirablement les chanteurs vendéens Patrice et Roger Martineau, troubadours des Temps modernes, un saint religieux en son « moûtier » était depuis quelque temps en proie à un méchant doute. Il ne parvenait plus à croire qu'au paradis il pourrait être heureux pour l'éternité. L'éternité, paraît-il, c'est long, surtout vers la fin, et le pauvre moine en était venu à craindre qu'on finisse par s'y ennuyer, faute sans doute de pouvoir varier les plaisirs et les joies. Or, un jour qu'il s'était aventuré dans la forêt pour y cueillir des champignons, il eut soudain l'oreille attirée par un chant d'oiseau tellement mélodieux que son cœur en fut tout empli de joie. Le bon moine, les mains sur les hanches et les yeux levés, s'attarda quelques minutes à écouter l'oiseau musicien.

Puis, quand celui-ci se fut envolé, il regagna le monastère. Mais là, quelques surprises l'attendaient : le jardin n'était plus à la même place, un nouveau corps de bâtiments prolongeait l'ancien « moûtier », et les moines qui déambulaient dans le cloître portaient un habit différent du sien.

Pis ! Quand il se fut nommé, priant qu'on lui ouvrît, le frère portier, un inconnu, le regarda d'un air soupçonneux, affirmant qu'il n'existait aucun frère de ce nom dans le monastère. Devant le trouble et les protestations du pauvre moine, on fit appeler le père abbé. Celui-ci, un érudit, reconnut dans la bure du visiteur un habit porté autrefois par les moines de l'ordre, et il se souvint avoir lu dans les archives du couvent que, deux cents ans auparavant, un moine de ce nom, parti dans la forêt à la cueillette des champignons, n'avait jamais reparu…

Les frères Martineau nous l'affirment, le saint moine comprit très bien ce qui lui était arrivé et en saisit toute la leçon. Il mourut dès le lendemain et partit pour le paradis le cœur apaisé.

Je ne sais s'il sera donné à beaucoup d'entre nous de rencontrer cet oiseau merveilleux. En attendant, une chose est sûre : s'il existe le moindre espoir d'atteindre le bonheur en ce monde, c'est du côté de la joie que nous devons le chercher.

11

La vie du bon côté

On sait bien que l'humour peut être une arme redoutable pour abaisser l'autre ou fuir le débat. Mais quand l'humour se conjugue avec la délicatesse de cœur, il fait merveille pour détendre ou pour réconforter. Jésus en a usé souvent dans ses controverses avec les pharisiens ou les sadducéens. Toutes ses paraboles sont des merveilles d'humour. Sans doute beaucoup, au jugement dernier, entendront-ils le Bon Berger leur dire : « J'étais triste et tu m'as fait rire. Entre dans la joie de ton Maître. »

Humour entre humilité et amour

Quel humour aimez-vous et quel humour avez-vous ? Pour développer son humour, passons en revue les différentes formes qu'il peut prendre.

L'humour par exagération : « Nous voici réunis dans cette église pour environ trois heures… », « Fiancés, parlez entre vous du nombre d'enfants que vous désirez avoir l'un et l'autre, car si, au bout de quatre ans de mariage, Cédric se rend compte qu'elle n'arrête pas avant quinze, cela risque de créer quelques tensions... »

L'humour par répétition : dans une conversation, un des convives a exprimé un avis ou un fait de vie qui a étonné les autres. Un quart d'heure plus tard, alors que la conversation a changé complètement de sujet, on revient avec un bon sourire sur cet avis ou ce fait de vie.

Céline annonce qu'elle a prévu son mariage avec Christophe dans quatre ans. C'est qu'il faut prévoir la salle, le prêtre disponible, l'église, le groupe de musique. On s'étonne de cette si longue attente... Un quart d'heure plus tard, on parle de maladie. Quelqu'un dit : « On ne sait pas de quoi l'avenir sera fait... » On peut ajouter : « Sauf ceux qui se marieront dans quatre ans. »

L'humour par jeux de mots : une personne âgée vous raconte qu'elle va devoir être opérée pour la troisième fois d'un décollement de rétine. Elle a déjà consulté trois ophtalmologues : celui qui a constaté le problème en urgence, son ophtalmologue habituel et le chirurgien. Vous l'écoutez attentivement avec beaucoup d'empathie très sincère... mais vous concluez en disant : « Votre consolation, c'est que ces médecins vous font tout à l'œil ! »

Récemment, à la télévision, un reportage parlait d'une communauté de moines qui fabriquent du fromage. Ils ont inventé un système ingénieux pour utiliser comme source d'énergie le petit-lait. Presque à la fin de l'interview, le journaliste dit au père abbé :

— Finalement, vous êtes un vrai P-DG !

Le religieux lui répond malicieusement :

— J'aime bien dire que je suis un business moine.

Un ancien de la mine de Saint-Étienne témoigne que les mineurs étaient de toutes les origines, de toutes les couleurs : des Polonais, des Italiens, des Français bien sûr, mais aussi des Algériens, des hommes originaires de l'Afrique noire. Mais lorsqu'ils ressortaient de la mine, ils étaient tous de la même couleur, couleur du charbon. Quand il y avait un pépin au fond de la mine et que le sang coulait, le sang était toujours de la même couleur. À la surface, à l'air libre, quand les familles apprenaient la catastrophe, les larmes des femmes et des enfants avaient toujours le même goût. Au fond, nous sommes faits de la même pâte. Ce qui unit, c'est de travailler ensemble, de bâtir quelque chose ensemble, de pâtir ensemble. Un autre mineur – aujourd'hui à la retraite – disait :

— On aimait bien montrer le sol avec notre pied et dire : ça, c'est la France ; et en dessous, c'est la sous-France !

Un enfant est tout triste : on lui demande ce qui le chagrine. « Vous dites qu'ils vont abolir la peine de mort. Mais ça se peut pas, parce que quand il y a un mort, on a toujours de la peine. »

Ce serait dommage de laisser tomber ces perles dans les oubliettes !

L'humour par anachronisme : vous visitez un château médiéval. Vous demandez au guide si l'extincteur est aussi d'époque.

L'humour candide :

— Qu'est-ce que c'est que ces fruits rouges ?

— Ce sont des mûres.
— Je croyais que les mûres étaient noires.
— Oui, mais celles-ci sont vertes.

L'humour qui rebondit : un homme dit à sa femme :

— Chérie, qu'est-ce que tu es belle ! Mais qu'est-ce que tu es bête !

Au lieu de se vexer, elle lui explique :

— Mais oui, mon chéri : si je suis belle, c'est pour que tu puisses m'aimer. Si je suis bête, c'est pour que je puisse t'aimer !

Nous sommes tous des rescapés

Quelqu'un a écrit un texte plein d'humour qui fait l'inventaire des mutations vécues par celles et ceux nés avant 1940...

« Nous sommes nés avant la télévision, avant la pénicilline, avant les produits surgelés, les photocopies, le plastique, les verres de contact, la vidéo, le magnétoscope, et avant la pilule. Nous étions là avant les radars, les cartes de crédit, la bombe atomique, le rayon laser, avant le stylo à bille, avant les lave-vaisselle, les congélateurs, avant la climatisation, avant les chemises sans repassage et avant que l'homme ne marche sur la Lune.

Nous nous sommes mariés avant de vivre ensemble. La vie en communauté se passait au couvent. Le *fast-food* pour les Anglais était un menu de carême et un "big mac" était un grand manteau de pluie. Il n'y avait pas de mari au foyer, pas de congé parental, pas de télécopie, ni de courrier électronique. Nous datons de l'ère d'avant les Pampers. Nous n'avons jamais entendu parler de modulation de fréquence, de cœur artificiel, de transplant, de machine à écrire électrique, de yaourt, ni de jeunes gens portant une boucle d'oreille.

Pour nous, un ordinateur était quelqu'un qui conférait un ordre ecclésiastique, une puce était un parasite, une souris était de la nourriture de chat, un site était un point de vue panoramique, un CD-Rom nous aurait fait penser à une boisson jamaïcaine, un joint empêchait un robinet de goutter et l'herbe était pour les vaches, une cassette servait à serrer les bijoux…

Mais nous étions sans doute une bonne race robuste et vivace, quand on songe à tous les changements qui ont bouleversé le monde et à tous les ajustements qui nous ont été imposés. Pas étonnant que nous nous sentions parfois perdus et qu'il y ait un fossé entre nous et la génération d'aujourd'hui. Mais grâce soit rendue à Dieu, nous avons survécu. Après tout, nous sommes un bon cru. »

Le corbeau et le renard

À lire avec l'accent anglais.

Master Corbeau sur oune arbre perché
Tieunait en son bec un camembert séché.
Master Renard qui aimait beaucoup le fromage
Lui tint à pô près ce langage.
« Oh ! Good morning, sir ! Comment allez-vous ? »
Mais le corbeau malin lui répondit rien du tout.
Alors Master Renard flattait son ploumage
Et vantait son langage.
« Vô avez, paraît-il, oune bien jolie vôa.

C'est même la plus belle des genses de ces bôas.
Avec vos chants, vous êtes la vedette…
Chantez donc pour môa oune petite chansonnette. »
Il croyait sa proie facile,
Et prenait le corbeau pour oune imbécile.
Mais lui, d'un air flatté
Au lieu d'ouvrir son bec… ouvrit l'autre extrémité,
Laissant tomber, en fait de fromage,
Son pioutit excédent de bagage.
Et comme il trouvait cela fort rigolotte,
En voyant la grimace de l'autre,
Il tordait lui en tire-bouchon
Tandis que le Renard s'en allait furibond.
La moralité de môa,
C'est qu'on trouve toujours un plus malin que sôa[1].

Jésus dit à ses apôtres : « Voici que je vous envoie comme des brebis au milieu des loups. Soyez donc prudents comme les serpents et candides comme les colombes » (Mt 10, 16).

Adresse mail erronée

Voilà ce qui arrive lorsque l'on se trompe d'adresse mail…

Un couple de Parisiens décide de partir en weekend à la plage et de descendre au même hôtel qu'il y a vingt ans, lors de leur lune de miel. Mais, au dernier moment, à cause d'un problème au travail, la femme ne peut pas être en congé le jeudi. Il est donc décidé que le mari prendra l'avion le jeudi, et sa femme le lendemain. L'homme arrive comme prévu

1. Daniel Foucher, *Pour rire aux éclats*, Association Espérance et Bonne Nouvelle, Nantes, 2003, p. 309.

et après avoir loué la chambre d'hôtel, il se rend compte que dans la chambre, il y a un ordinateur avec connexion Internet. Il décide alors d'envoyer un courrier à sa femme. Mais il se trompe en écrivant l'adresse. C'est ainsi qu'à Perpignan, une veuve qui vient de rentrer des funérailles de son mari mort d'une crise cardiaque reçoit le mail. La veuve consulte sa boîte aux lettres électronique pour voir s'il n'y a pas de messages de la famille ou des amis. C'est ainsi qu'à la lecture du premier d'entre eux, elle s'évanouit. Son fils entre dans la chambre et trouve sa mère allongée sur le sol, sans connaissance, au pied de l'ordinateur. Sur l'écran, on peut lire le message suivant : « À mon épouse bien-aimée. Je suis bien arrivé. Tu seras certainement surprise de recevoir de mes nouvelles maintenant et de cette manière. Ici, ils ont des ordinateurs et tu peux envoyer des messages à ceux que tu aimes. Je viens d'arriver et j'ai vérifié que tout était prêt pour ton arrivée, demain vendredi. J'ai hâte de te revoir. J'espère que ton voyage se passera aussi bien que s'est passé le mien.

P.-S. : Il n'est pas nécessaire que tu apportes beaucoup de vêtements : il fait une chaleur d'enfer ici ! »

La réfection des saints

Voici une facture datée de mars 1841, établie par un peintre, sculpteur et décorateur, chargé de la réfection des statues de l'église de Lanviouze, dans le Finistère. Tout, jusqu'à l'erreur dans l'addition, est authentique. Le document se trouve à la Bibliothèque nationale, à Paris. Cent cinquante ans après, sa lecture est un véritable délice.

Pour avoir descendu le grand Bon Dieu de dessus le maître-autel, l'avoir lavé et nettoyé : 14 francs 10 sous.

Pour avoir fait un nouveau râtelier pour Saint Louis et l'avoir lavé par-devant et par-derrière : 3 francs 10 sous.

Pour avoir mis un nouveau bras à saint Étienne, lui avoir blanchi le nez et fourni une calotte pour cacher le trou qu'il avait sur la tête : 3 francs 30 sous.

Pour avoir corrigé le Pater noster et lui avoir fourni une main, un bras, deux pieds et avoir peint et nettoyé toutes les figures : 18 francs.

Pour avoir peint et nettoyé saint Jean-Baptiste et son mouton et lui avoir placé une corne sur le côté gauche : 5 francs.

Pour avoir lavé la Sainte Vierge et lui avoir refait un Jésus et un bras gauche : 24 francs.

Pour avoir remis au Saint-Esprit une queue neuve et avoir refait un nouveau chapeau à saint Joseph : 4 francs.

Pour avoir fourni les cordes pour peindre les Saints Anges au-dessus de l'autel : 5 francs.

Pour avoir ôté les vieux yeux des douze apôtres et les avoir remplacés par des neufs : 6 francs.

Pour avoir peint une ceinture, mis un bras et une trompette à l'ange qui est au-dessus de la chaire : 7 francs 80 sous…

Pour avoir lavé et nettoyé saint Isidore, sainte Barbe, saint Nicolas et sainte Cécile avec son violon et leur avoir fourni tout ce qui leur manquait : 20 francs 30 sous.

Pour avoir fait un diable tout neuf, l'avoir placé sous les pieds de l'archange saint Michel et les avoir peints tous les deux : 45 francs.

Pour avoir détruit la grande fleur de lys, pour avoir varlopé le derrière de Saint Louis et de Charlemagne, qui ne voulaient pas rentrer dans leur niche, les avoir peints et décorés tous les deux : 45 francs.

Ce qui donne un total de : 180 francs 4 sous.

Le tablier de Grand-Mère

Le principal usage du tablier de Grand-Mère
était de protéger la robe en dessous, mais, en plus de cela,
il servait de gant pour retirer une poêle brûlante du fourneau.
Il était merveilleux pour essuyer les larmes des enfants
et à certaines occasions pour nettoyer les frimousses salies.
Depuis le poulailler, le tablier servait à transporter les œufs,
les poussins à réanimer,
et parfois les œufs fêlés qui finissaient dans le fourneau.
Quand les visiteurs arrivaient,
le tablier servait d'abri à des enfants timides
Et quand le temps était frais,
Grand-Mère s'en emmitouflait les bras.
Ce bon vieux tablier faisait office de soufflet,
agité au-dessus du feu de bois.
C'est lui qui transbahutait les pommes de terre
et le bois sec jusque dans la cuisine.
Depuis le potager,
il servait de panier pour de nombreux légumes.
Après que les petits pois avaient été récoltés, venait le tour des choux.
En fin de saison,
Il était utilisé pour ramasser les pommes tombées de l'arbre.
Quand des visiteurs arrivaient de façon imprévue,
c'était surprenant de voir avec quelle rapidité
ce vieux tablier pouvait faire la poussière.
À l'heure de servir le repas,
Grand-Mère allait sur le perron agiter son tablier
et les hommes aux champs savaient aussitôt
qu'ils devaient passer à table.

Grand-Mère l'utilisait aussi pour poser la tarte aux pommes
à peine sortie du four sur le rebord de la fenêtre
pour qu'elle refroidisse.
Tandis que de nos jours sa petite-fille la pose là... pour la décongeler.
Il faudra de bien longues années avant que quelqu'un invente
quelque objet qui puisse remplacer
ce bon vieux tablier qui servait à tant de choses.

Jésus ou la Vierge Marie ?

Dans cette paroisse, monsieur le curé s'était aperçu, au fil des mois, du manège d'une pauvre femme. Veuve après une vingtaine d'années de mariage, elle n'avait pas d'enfant. Elle vivait dans des conditions bien précaires. Elle était très respectée par les gens du village, mais ses vêtements pas très propres, son odeur particulière ne favorisaient pas la convivialité. C'était pour tout le village un secret de Polichinelle : elle buvait. Elle usait de trente-six stratagèmes pour s'approvisionner en vin, mais ses nombreux allers-retours entre le bourg et le hameau où elle habitait, avec son cabas noir lourdement chargé avaient mis la puce à l'oreille des voisins depuis longtemps.

Le père curé n'avait pas été mis au courant tout de suite (on ne s'occupe pas des affaires des autres !) mais plusieurs fois, il l'avait surprise dans l'église devant la statue de la Sainte Vierge. Au début, il avait été envahi d'un sentiment d'admiration pour cette paroissienne si pieuse. Mais un jour, sans le vouloir, il avait aperçu, dans le cabas posé à ses pieds, plusieurs bouteilles consignées vides.

Une autre fois, alors que lui-même faisait son oraison silencieuse derrière son pilier, il avait entendu sans le vouloir sa prière. En patois, elle disait : « Oh, bonne Vierge, donnez-moi du pain et donnez-moi aussi du vin. »

Il eut une idée. Le dimanche suivant, il demanda un service au plus jeune des enfants de chœur, un petit garçon de six ou sept ans. Comme les vacances de Pâques commençaient le lendemain, il lui demanda de se cacher derrière la statue de la Sainte Vierge et d'attendre l'arrivée de celle que tout le monde appelait « la Rosa » en ayant pris soin de lui faire répéter plusieurs fois une petite phrase. Le père curé espérait en fait par ce petit stratagème dissuader la Rosa de boire. Comme elle était pieuse, il pensait que seule une voix venue du Ciel pouvait la faire réagir contre cette maladie qui lui engloutissait le peu d'argent qu'elle avait pour vivre et raccourcissait son espérance de vie.

Vers dix heures, réglée comme un train, la Rosa entre à l'église. Elle s'avance vers la statue de la Vierge Marie et commence sa prière immuable : « Oh, bonne Vierge, donnez-moi du pain et donnez moi aussi du vin. » Mais c'est le petit enfant qui lui répond, bien caché derrière la statue, en patois également : « Du pain, tu en auras ; mais du vin, tu n'en auras point. » Alors, Rosa ayant bien entendu la voix enfantine, convaincue qu'elle ne pouvait venir que du petit enfant Jésus que Marie tenait dans ses bras lui dit : « Tais-toi, petit morveux, ce n'est pas à toi que je parle mais à ta mère. »

Des mesures de précaution en raison du risque de grippe aviaire

Pour éviter toute mise en quarantaine due au risque de grippe aviaire, vous ne devez plus appeler vos proches « ma poule », « ma poulette » ou « mon poussin », et surtout pas « mon canard ».

– Vous ne devrez plus « roucouler » avec votre « petite colombe ».

– Les vêtements « pied-de-poule » sont désormais interdits.

– Ne traitez plus ceux qui vous agacent de « petite dinde » ou de « drôle d'oiseau », ni ceux qui se font généralement avoir de « pigeon », ou de « dindon de la farce », ni les étourdis de « tête de linotte ».

– Prenez vos dispositions pour ne plus avoir à faire le « pied de grue ».

– Les « coiffures en "crête de coq" seront dorénavant interdites, de même que les teintures « aile de corbeau ».

– Vous ne devrez plus vous « pavaner comme un paon », ni faire la « bouche en cul de poule ».

– Vous éviterez les « prises de bec » et il sera également interdit de « se voler dans les plumes ».

– Il n'est pas plus conseillé de se montrer « gai comme un pinson ».

– Ceux qui voudront crier victoire sont priés de ne plus pousser de « cocorico ».

– Les « poulets » resteront confinés dans leur commissariat.

– Vous êtes prié de ne plus utiliser le « coucou » en guise de salut.

CHÉRI, ATTENTION À LA GRIPPE AVIAIRE!
MMFF
?!
?!

– Enfin, si la température descend trop bas, couvrez-vous afin d'éviter la « chair de poule », et mangez beaucoup pour ne pas qu'on vous dise que vous avez un « appétit d'oiseau ».

– Mais bien sûr, rien ne vous interdit de prendre votre « plume » pour compléter cet avis à la population !

Aurait-il fallu interdire à Jésus de dire qu'il est comme une poule qui veut par-dessus tout « rassembler ses poussins sous ses ailes » (Lc 13, 34) ?

Recette familiale

Une mesure bien tassée d'amour vrai,
beaucoup d'écoute et de compréhension,
une bonne dose de disponibilité,
mélangée à quelques grammes de douceur et calme.
Ajoutez un rien de fermeté.
Cherchez un peu de bonne volonté.
Assaisonnez avec de la droiture et de la sincérité,
afin de conserver le bon goût de la vérité.
Râpez les désirs égoïstes,
les brusqueries et les impatiences.
Faites fondre votre orgueil et votre suffisance.
Trouvez dans vos réserves quelques grains de foi
inébranlable, une espérance sans conditions.
Saupoudrez de tendresse.
Faites revenir à la surface
des tranches entières d'accueil et de partage.
Additionnez de dialogue, menus services,
mercis bien placés, don de soi sans retour.
Laissez mijoter longtemps dans de la patience.
Avant de présenter, flambez dans la joie
et, si possible, dans un grand élan de prière.

Complétez par un petit verre d'humour.
Et vous obtiendrez une famille savoureuse,
des parents aimants, des jeunes libres et joyeux.
Une bonne entente entre tous.

12

Dans les coulisses de la nuit de Noël

Un conte simple

L'Évangile est resté discret sur l'événement mais la nuit de Noël, les animaux envoyèrent une délégation de chaque espèce. Sept d'entre eux ont accepté de nous mettre dans la confidence.

L'âne était aux premières loges. Il avait porté pendant près de cent cinquante kilomètres la Vierge Marie enceinte. Il aurait pu s'en glorifier. Or il ne ressemblait pas du tout à celui de Jean de La Fontaine : « Un baudet chargé de reliques/S'imaginait qu'on l'adorait/Dans ce penser, il se carrait/Prenant pour rien l'encens et les cantiques. » L'âne de la grotte ne faisait que répéter : « J'ai porté le Christ ! J'ai porté le Christ ! » Mais dans une exultation remplie d'action de grâce, d'émerveillement et d'humilité. Dans sa prière il disait :

Seigneur,
on m'a dit que tu avais besoin de moi...
alors je suis venu.

J'aimerais bien te porter sans jamais te laisser tomber !
Je te fais entièrement confiance.
Aide-moi à ne pas faire trop d'âneries,
à garder les oreilles dressées vers toi ;
je ne veux rien manquer
de ce que tu veux me confier.
(L'âne ânonnant)

Nous avons pu aussi parler à la colombe. Depuis que Noé l'a vue revenir avec dans le bec un rameau d'olivier, elle fait penser à la paix apportée par Jésus. Mais son plumage invite aussi à rechercher la pureté, son vol si gracieux fait désirer la liberté et sa façon de freiner de ses ailes avant de se poser sur le sol comme pour éviter de le griffer, la délicatesse et la tendresse.

Mais elle nous a dit que son message était plus profond. Dans le Cantique des Cantiques, la bien-aimée dit à son amoureux que « ses yeux sont des colombes ». En fait, elle est venue pour représenter le Saint-Esprit, le plus grand des cadeaux apportés par Jésus. Si Dieu est Un en trois personnes, Jésus une seule personne en deux natures (divine et humaine), le Saint-Esprit, lui, est une Personne en d'innombrables personnes. La plus belle représentation du Saint-Esprit, c'est le visage humain dont les yeux sont éclairés de la Lumière venue d'En Haut. « Regardez, m'a-t-elle dit, les yeux de Mère Teresa ou de Charles de Foucauld à la fin de leur vie. » Elle aussi a beaucoup prié dans la grotte de Bethléem.

Bien-aimé Seigneur,
j'aimerais que mon cœur
soit toujours de la blancheur de mon plumage,
qu'il soit libre comme mon corps

quand il se laisse porter par le Vent,
qu'il trouve la paix comme mon ancêtre qui a apporté,
après le déluge, le rameau d'olivier à Noé.
Merci pour la Vierge Marie,
la plus belle des colombes !
(La colombe comblée)

Ensuite nous avons pu avoir une interview du coq. En tant que Gaulois nous ne pouvions pas l'éviter. Il représente la France, c'est vrai, mais beaucoup plus profondément il est universel. Le coq sait que sans la lumière du soleil, il n'y aurait pas d'œuf. Il faut que la lumière vienne frapper la base de la rétine de l'œil de la poule pour qu'un message soit transmis au nerf optique et ainsi en une cascade de réflexes jusqu'aux glandes ovulaires. Le cycle dure vingt-six heures. Une poule qu'on a énucléée ne pond plus. D'où l'énergie du coq chaque matin à faire sommation à la lumière d'apparaître. Le coq représente notre sensibilité à la Lumière Incréée, celle qui permettra à saint Pierre de reconnaître en un homme en chair et en os « le Christ, le Fils du Dieu Vivant, le Verbe Éternel ». Il est ainsi le symbole de notre grandeur mais aussi de notre faiblesse. Saint Pierre en fera l'amère expérience. Finalement, nous a-t-il dit, les hommes sombrent dans l'orgueil et la présomption, d'où la chute... Mais quand elle est suivie de pleurs comme pour saint Pierre au moment de l'arrestation de Jésus, elle est expérience bouleversante de l'extrême bonté de Dieu. Nous avons pu enregistrer sa prière.

Seigneur,
s'il te plaît,
enlève de mon cœur l'orgueil.

C'est quand je me crois trop malin
que je suis faible.
C'est quand je ne crois plus en toi
que je fais des bêtises.
Seigneur, je continuerai à te demander
chaque matin
la Lumière de la Foi !
(Le coq coquet)

Sur l'arbre devant la grotte s'était perché l'aigle. Lui aussi se devait de participer à cette nuit d'adoration. Dans la Bible, Dieu est comparé au roi des oiseaux. C'est une image employée pour faire comprendre son œuvre pour les Hébreux pendant l'Exode. Par ailleurs, son vol majestueux et très haut dans les airs, son regard perçant et sa précision redoutable sont un beau symbole de la Foi dont saint Jean sera le représentant le plus en vue, cette Foi qui nous élève très haut dans le mystère de Dieu. Lui aussi nous a fait part de sa prière.

Seigneur, tu m'as donné deux ailes pour voler très très haut :
l'aile de la raison,
et l'aile de la foi.
Par la raison, j'apprends peu à peu
comment fonctionne le monde.
Par l'aile de la foi, je découvre de mieux en mieux
pourquoi j'existe.
Merci, Seigneur, pour mes deux ailes !
(L'aigle espiègle)

Évidemment, nous ne pouvions pas ne pas voir l'agneau. Y a-t-il un animal plus fragile, plus vulnérable, plus doux ? Même un poussin peut se défendre en se cachant sous les bois. Le bébé serpent peut faire peur. Le chaton ou le chiot peuvent griffer. Mais l'agneau ne peut ni piquer, ni mordre, ni griffer, ni se cacher… Abraham l'avait annoncé dès le début : « C'est Dieu lui-même qui fournira l'agneau pour l'holocauste. » Dieu nous avait tout dit dans cette prophétie. Pendant dix-huit siècles, il a préparé un peuple à l'accueillir : le sang de l'agneau répandu sur les montants et le linteau de leurs portes qui avait sauvé les Hébreux annonçait le sang de l'agneau qui serait répandu sur le montant et le linteau de la croix pour sauver la multitude. Isaïe avait annoncé que le Messie serait « comme un agneau conduit à l'abattoir ». Dans quelques années, saint Jean-Baptiste désignerait Jésus ainsi et, à sa suite tous les prêtres, à chaque eucharistie. Cette nuit-là l'agneau nous a dit combien il était fier d'avoir été choisi par le Créateur de l'Univers pour faire comprendre enfin qu'il n'était pas un Jupiter et que la seule crainte qu'il voulait inspirer dans le cœur des hommes était celle de blesser son semblable et de faire de la peine à son Dieu. Il fallait voir devant la crèche où reposait l'Agneau de Dieu le petit agneau à genoux, tout tremblant, murmurer :

Seigneur, je ressens en moi
des trésors de tendresse.
Mais j'ai peur que les autres prennent cela pour de la faiblesse.
J'ai envie d'être doux,
mais j'ai peur que l'on croie que je suis mou.
Toi qui es le premier des agneaux du Père, doux et humble,
Rends-moi fier d'être délicat, attentionné, gentil et généreux !
(L'agneau mignon)

Isaïe l'avait prophétisé : quand le Messie viendrait, « le loup habiterait avec l'agneau, le loup se coucherait près du chevreau »... Aussi n'avons-nous pas été étonnés de découvrir le lion... à genoux lui aussi. Depuis le prophète Daniel, il représente les dangers vaincus par la Foi. Il deviendra le symbole de la résurrection, car l'enfant couché sur la paille doit mourir et ressusciter ! De même que Daniel est ressorti indemne de la fosse aux lions, de même Jésus sortira vivant du tombeau après sa Passion. Il fallait voir la ferveur du roi des animaux.

Seigneur,
par mon baptême, tu m'as ressuscité.
Tu m'as sauvé des ennemis qui s'appellent
l'orgueil, la jalousie, le mensonge et l'égoïsme.
Donne-moi de vivre vraiment en ressuscité,
d'échapper toujours à tous ces dangers.
Aide-moi à ne pas utiliser la force
dans mes relations avec les autres !
(Le lion loyal)

Les bergers étaient venus avec leurs chiens. Discrètement, l'un d'eux nous a expliqué leur présence. Depuis que le chien de Tobie a remué la queue, on les regarde avec bienveillance. Ils ne représentent pas que le mauvais temps (Quel temps de chien !) et la rapacité. Le chien symbolise la prière : assis près de son maître, il semble dormir, mais il est aux aguets. Au moindre mouvement, au moindre signal du berger, il file, ramène la brebis qui s'écarte dangereusement du troupeau, il part, fait fuir le serpent venimeux pour protéger les petits agneaux ; il fait cent fois s'il le faut le va-et-vient du troupeau au berger pour aider son maître à le rassembler, le mener sur les verts pâturages et près des fontaines d'eau vive.

Seigneur, quel bonheur de t'avoir pour Maître !
Je veux bien t'aider
à rassembler tes brebis,
à apporter de la Consolation à ceux qui sont blessés.
Je voudrais ne jamais sortir de ma niche chaque jour,
sans t'avoir consulté dans le cœur à cœur de la prière.
(Le chien gardien)

P.-S. : Une belle anecdote authentique. Dans une famille, les parents avaient raconté l'histoire de Noël : la visite de l'ange Gabriel à Nazareth, le voyage à Bethléem, la naissance dans la grotte, l'adoration des bergers. Le lendemain, avant de continuer le récit avec l'arrivée des Mages et la fuite en Égypte, maman demande à Camille, six ans :

— Où est né Jésus ?

Et Camille répond :

— Il est né à Emlébeth (aime les bêtes).

*
* *

La nuit de Noël à Bethléem : on a souvent parlé des animaux présents… Très rarement on a signalé la présence des végétaux. Ils avaient pourtant envoyé leurs plus dignes représentants pour assister à l'événement qui a remis l'humanité dans le bon sens… Nos deux envoyés spéciaux, le père Pierre Trevet pour le texte, et Yves Guézou pour les croquis, nous rapportent ce reportage étonnant.

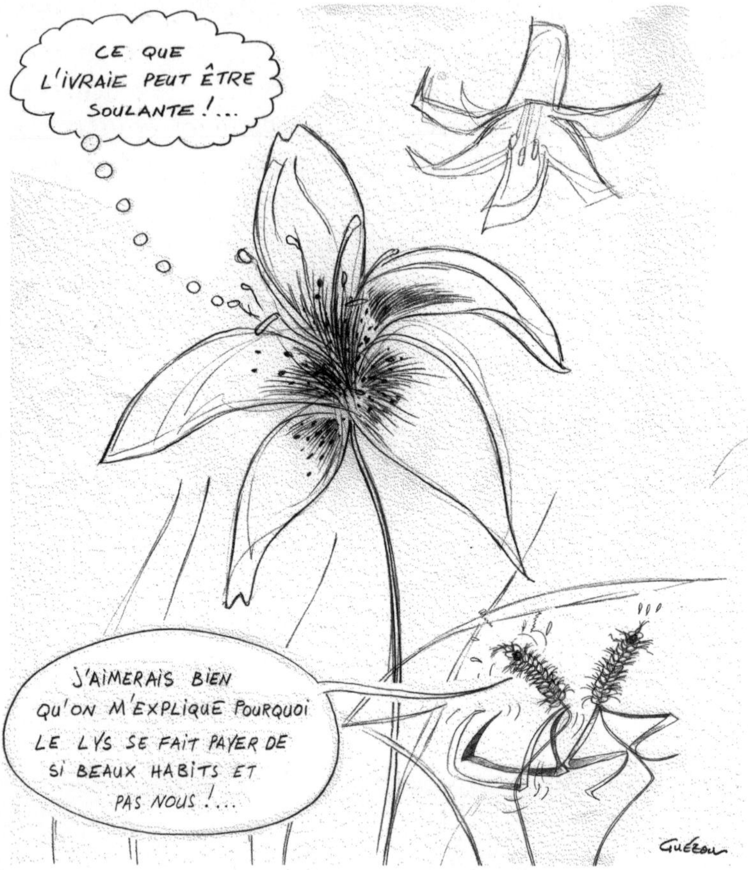

La première fleur présente était le lis des champs. Il nous a aussitôt parlé de confiance. « Regardez, nous a-t-il dit : le Bon Dieu vous habille mieux que Yves Saint Laurent, Christian Dior et Jean-Paul Gaultier réunis. Alors ne vivons pas dans l'inquiétude. Le Seigneur ne nous invite pas à l'insouciance : bien sûr qu'il nous faut anticiper, organiser, prévoir. Mais comme dira saint Paul : N'entretenez aucun souci, c'est-à-dire ne les arrosez pas pour les faire pousser. » Le lis nous a même cité le pape Jean XXIII qui, dans son décalogue de la sérénité s'encourage à vivre l'aujourd'hui en pensant que la Providence divine s'occupe de lui comme si elle n'avait rien d'autre à faire... « Ce petit enfant dans la mangeoire, ce n'est pas un enfantillage. C'est la plus grande preuve d'amour du Bon Dieu pour chacun. »

Ensuite nous avons pu avoir une entrevue avec la tige de Jessé, le porte-parole de la Vierge Marie trop fatiguée et trop plongée dans l'adoration pour pouvoir nous parler, cette nuit-là. La tige de Jessé nous a invités à soigner nos « oui » de chaque jour, ces « oui » au Bien et à la Vérité qui préparent le grand Oui de notre vie ou qui le développent et l'embellissent. Le oui prononcé à Nazareth neuf mois avant

nous rappelle que nos vies sont réussies quand nous passons du rêve au projet. Il est facile de fantasmer sur un champ de blé. Il est plus difficile de semer une graine. Il est facile de rêver à un château de justice. Il est plus difficile de poser une brique de justice. À un jeune qui venait le consulter pour lui demander conseil afin que sa vie soit un bienfait pour l'humanité, saint François de Sales a répondu : « Tu devrais éviter de faire claquer les portes… »

Petit à petit naissait en nous le sentiment que cet enfant venait simplifier les choses, valoriser les petits, élever les humbles. Nous sommes alors tombés sur l'ivraie. Elle n'était pas très fière cette nuit-là… Elle

nous a expliqué que son nom vient de l'ivresse. Le mal séduit parce qu'il a un pouvoir enivrant. Elle nous a dit qu'on l'appelait aussi la zizanie. Là, nous avons encore mieux compris pourquoi elle n'était pas très à l'aise… Nous lui avons tout de même posé la question qui nous est venue à l'esprit : pourquoi Jésus dira-t-il plus tard qu'on ne peut pas supprimer l'ivraie, qu'on ne la liera en gerbes et brûlera qu'à la fin des temps ?

Elle nous a expliqué des choses : le bien et le mal ne sont pas deux principes symétriques comme le yin et le yang dans la tradition chinoise. Le mal n'est que l'absence du Bon Dieu, la privation du Bien, la suppression du bonheur. Mais si on remplit ce vide de la présence du Christ, tout est possible : le difficile devient le chemin vers la communion fraternelle, vers la joie éternelle. Elle nous a fait remarquer aussi qu'un défaut pouvait devenir une qualité : le têtu est un persévérant qui s'ignore, le jaloux se révélera capable de profondes fidélités, le bavard apprendra à se taire et, en parlant à bon escient, apportera du réconfort. Le taciturne révélera un jour ses grandes capacités d'écoute…

Nous avons compris que, décidément, cet enfant allait apporter des éclairages inédits et vraiment lumineux. Nous avons alors rencontré l'Arbre de Vie, et nous l'avons « démasqué »… En effet, il est parlé de lui dans la Bible, au livre de la Genèse… et plus un mot jusque dans le livre de l'Apocalypse… Dans le récit du péché originel, il est mentionné en même temps que l'arbre de la connaissance du bien et du mal, cet arbre auquel il n'aurait jamais fallu toucher puisque Dieu seul peut nous dire ce qui est bien et ce qui est mal. Le fait d'en croquer le fruit (on a dit que c'était une pomme parce qu'en latin on peut confondre les deux mots *melum* et *malum*) nous a éloignés de l'Arbre de Vie. Mais il est de nouveau planté en terre. C'est Jésus lui-même. Et on pourra bientôt se nourrir de ses fruits savoureux : les perles de sagesse de son Évangile et les hosties de son eucharistie.

Nous n'imaginions pas que ce reportage spécial nous conduirait si loin… Nous nous sommes approchés alors d'un grain de blé, le plus petit de tous les végétaux mais le plus bavard. Il est à lui seul une encyclopédie. Il a commencé par nous demander quel était le plus grand être vivant. Une baleine ? Un dinosaure ? Pas du tout ! C'est le séquoia. Il peut atteindre cent cinquante mètres de haut et peser des centaines de tonnes. Or, il est tout entier contenu dans une graine de la même dimension que son frère le grain de blé… On le sentait très fier…

Mais sa plus grande fierté, nous a-t-il dit, est que Jésus et son apôtre Paul le prendront en exemple pour parler du mystère de la mort et de la résurrection. Quand on nous met en terre, nous sommes désagrégés. On peut croire que c'est la fin. Or tout commence. Un garçon premier soprano dans une chorale, admiré et très sollicité, redoute le moment où sa voix va muer. Car il ne sera plus mis en avant. Mais il découvrira d'autres bonheurs en prenant sa voix d'adulte. Très pédagogue, le grain de blé nous a expliqué : « Si je vous donnais une graine inconnue, vous seriez incapables de dessiner le résultat de la germination puisque moi je donne un épi couleur d'or et que mon frère, le pépin de pomme, donne quelque chose de totalement différent (et il prend son temps !)… N'essayez pas d'imaginer le monde des ressuscités ; attendez la surprise. Mais soyez sûrs d'une chose : vous vous reconnaîtrez. Car une graine de salade n'a jamais donné un chou. Un tubercule de pomme de terre n'a jamais donné un dahlia, un noyau de prune n'a jamais donné un abricotier. » Et il nous a fait cette révélation : la réincarnation n'existe pas. La résurrection, si. Vous serez transfigurés par la Lumière inouïe du Seigneur, vous atteindrez votre plein épanouissement.

Le grain de blé n'était ni un grain-cheux, ni un grain-galet, ni un grain-peur. Nous l'aurions questionné et écouté pendant des heures. Mais il nous a fait « chut » de son doigt et il a replongé en adoration devant l'enfant qui dormait dans la crèche sous les museaux réchauffant de l'âne et du bœuf. Nous commencions à comprendre que chaque plante de la Création reflétait au moins une facette de ce nouveau-né... Nous avons pu avoir encore deux autres interviews avant le lever du jour...

Nous sommes d'abord tombés sur la vigne... Dans le monde végétal, elle a vraiment une place particulière. Elle pousse dans des terrains très pauvres. Ses

racines peuvent plonger très profond pour chercher de l'eau. Aucune plante ne produit un fruit dont on peut faire un tel nectar. Et cependant, on ne peut absolument rien faire de son bois, et elle nécessite chaque année des tailles drastiques. Elle nous a dit son immense fierté de représenter le mystère du chrétien. « La résurrection n'est pas seulement une histoire de réanimation de cadavre, nous a-t-elle expliqué : c'est une histoire de greffe. Jésus ressuscité renouvelle entièrement la vie de ceux qui sont greffés sur lui au jour de leur baptême. Sa sève d'amour leur permet de produire des fruits énormes, savoureux, inédits, incroyables. » Un peu polémique, elle nous a dit de ne pas chercher à imiter le sapin de Noël : « On le magnifie pour sa parure et ses apparences. Mais il est en train de se dessécher. La beauté vient du porte-greffe… Regardez, est-ce qu'un vieux pommier donne de vieilles pommes ? Même âgés, les greffés sur cet enfant "gardent leur sève et leur verdeur. Vieillissant ils fructifient encore". »

Nous nous sommes dit que la vigne connaît bien les psaumes notamment le psaume 91 (verset 15) !

Après cette rencontre, nos cœurs étaient sans doute prêts à accueillir le changement qu'allait opérer en nous le dernier arbuste rencontré… Plus nous nous rapprochions de lui, plus sa chaleur nous réchauffait et son feu nous éclairait. Le buisson ardent nous a transformés de journalistes en témoins comme il avait transformé le berger Moïse en prophète. Il nous a dit qu'il avait vu la misère des enfants de la terre, tous les esclavages par lesquels ils se sont laissé enchaîner, tous les « pharaons » qui l'oppriment : les rendez-vous sportifs, l'argent, le désir de

toute-puissance, la tyrannie des looks et des marques, l'horoscope, les jeux de hasard, les petits écrans électroniques, etc. Il était descendu pour les délivrer... Et il nous envoyait pour témoigner que cet enfant était en personne la libération, celui qui remettait de l'ordre dans nos priorités, qui remettait en pôle position l'Amour de Dieu aussi simple qu'un tête-à-tête, aussi heureux qu'un cœur à cœur...

Le jour commençait à poindre. Nous avons assisté à un spectacle étonnant. Tous les arbres et toutes les plantes se sont mis à applaudir et à danser, exactement comme Isaïe l'avait annoncé (Is 55, 12). Nous savions que nous venions de participer à la naissance de Celui qui est à la fois le lis des champs, la tige de Jessé (même s'il partage ce titre avec sa mère), le bon grain qui transforme l'ivraie, l'arbre de vie, le grain tombé en terre, la vigne et le buisson ardent.

Nous savions qui était le véritable arbre de Noël !

Épilogue

Les canards sauvages et les canards de basse-cour

Toute personne, quelle qu'elle soit, a dans le cœur un immense désir. Antoine de Saint-Exupéry le compare avec ce qui se passe pour les canards domestiques. Qu'y a-t-il dans la tête d'un canard de ferme ? Son cerveau n'est pas une grosse cylindrée, à peine un centimètre cube. On peut imaginer y trouver des images de vers de terre, de la pâtée, une mare où barboter, et puis c'est tout. Mais on a observé un phénomène curieux : quand passent au-dessus d'eux les vols de canards migrateurs, ils sont comme fous. Ils sont aimantés. Ils battent des ailes et se précipitent contre le grillage. C'est comme si dans leur tête il y avait soudain d'immenses espaces, des vues aériennes, un univers illimité. Mais très vite, ils retournent à leur mare. Chaque personne humaine est comme cela. Nous sommes attirés par l'infini, par l'absolu, par l'illimité, par Dieu.

Notre bonheur, c'est Dieu. De temps en temps cela nous vient à l'esprit, et puis nous retombons le nez sur nos souliers. Il reste que c'est vrai en permanence. « Tu nous as faits pour toi, Seigneur, écrit saint Augustin, et notre cœur est sans repos tant qu'il ne demeure en toi. »

Comment atteindre Dieu ? De la basse-cour, passons à la cuisine. Imaginons qu'une personne humaine puisse être comparée à un sachet de thé – après tout, c'est plutôt flatteur d'être plein de bon thé *(bonté)* !

En même temps que vous lisez cette page, vous pouvez réaliser l'expérience. Il suffit de choisir un de ces petits sachets fixés avec une agrafe, ce qui garantit normalement qu'il a été plié en deux sans être « soudé » au milieu. Il faut aussi se munir d'une paire de ciseaux et d'un briquet... Pour que le sachet de thé s'élève, il va falloir le délester. Pour que la personne humaine rejoigne Dieu le bonheur absolu, il va falloir opérer des abandons.

Sur l'étiquette, on peut mettre l'idole du savoir. Chacun de nous a en tête une idée fausse de Dieu, le dieu gendarme, le dieu roue de secours, le dieu Jupiter, le dieu distributeur automatique, le dieu magicien, le dieu force cosmique, le dieu aspirine, et bien d'autres que l'éducation, nos fréquentations, nos lectures, nos blessures nous ont mis en tête. L'Évangile nous apprend qu'il est Père, Fils et Saint-Esprit. Il faut couper l'étiquette pour dire qu'il faut accepter de se laisser enseigner patiemment par l'Évangile.

Le fil de coton peut représenter l'idole du pouvoir. Volontiers nous attacherions les autres, nous sommes poussés à les commander, nous aimerions les télécommander, nous aimerions bien qu'ils soient des marionnettes à notre service. Nous avons en nous cette volonté de toute-puissance. L'Évangile nous apprend que le seul pouvoir que nous ayons, c'est le service. Jésus, Dieu-parmi-nous, a pris une serviette et une cuvette et a lavé les pieds de ses disciples. Il a fait plus que cela puisque lui l'innocent est mort comme un bandit, pour les coupables que nous étions. D'un coup de ciseaux nous coupons le petit fil.

Dans le sachet sans étiquette et sans fil, il reste la poudre de thé. Elle symbolise l'idole de l'avoir. Nous avons dans la tête cette illusion que plus nous possédons, plus nous sommes heureux. L'Évangile nous apprend que le bonheur se situe dans l'être et non pas dans l'avoir. On découpe alors le sachet tout près de l'agrafe et on le vide de la poudre de thé. On peut alors le déplier, et, en passant les deux index à l'intérieur, le transformer en une petite colonne.

Ces opérations de délestage ne peuvent pas se faire à la force du poignet. Il faut le Saint-Esprit qui est en personne l'excès d'amour de Dieu. À ce moment de l'expérience, vous pouvez mettre le feu sur le dessus de la colonne de papier fin. Le feu se propage jusqu'à la base qui repose sur la table et au dernier moment le sachet s'envole… ! C'est seulement grâce au feu du Saint-Esprit que nous « décollerons », que nous pourrons rejoindre Dieu. Comme si un canard domestique pouvait enfin trouver le bonheur en rejoignant les vols triangulaires de ses frères célestes.

Table

Composé par Nord Compo Multimédia
7, rue de Fives, 59650 Villeneuve-d'Ascq

Cet ouvrage a été achevé d'imprimer en novembre 2009
dans les ateliers de Normandie Roto Impression s.a.s.
61250 Lonrai (Orne)
N° d'impression : 094068
Dépôt légal : mai 2009

Imprimé en France